JN021904

一生お金に困らない!
世界一カンタンな
ほったらかし投資

株式会社
フューチャー・クリエイション
前川富士雄
FUJIO MAEKAWA

CROSSMEDIA PUBLISHING

はじめに

100歳まで安心して生活するために
今からできること

何もしないのが人生設計だった時代は終わった？

このままでいいんだろうか？

何かしないといけないのではないか？　でもやり方がわからない。

自分は本当に老後ちゃんとやっていけるんだろうか？

本書を手に取ったみなさんは、このようなお悩みをお持ちではないでしょうか。

かつてこんな時代がありました。真面目に働いていれば、収入は右肩上がり（年功序列）、一方で銀行に置いたお金が10年くらいで2倍ほどに増える。預金金利が昔は6％、7％のときもありました。会社を退職するときには退職金が用意されていて、引退後は国が用意してくれる手厚い公的年金が準備されていました。いわゆる中流ぐらいの生活は、誰にでも普通に手に入れられたといえるのではないでしょうか？　だから何もしないまま普通に真面目に頑張ってさえいれば問題はありませんでした。

しかし、いつしか時代は変わってしまいました。収入は上がりにくく、一方で銀行にお金を置いておいてもほとんど増えません。仮に０・００２％の金利だとすれば１００万円預けておいても1年で利息が20円、10年おいても２００円ほどしか増えない時代に変わったのです。

その中で、私たちも考え方を変えなければいけません。

３つの寿命をご存じでしょうか？

①生命寿命　これは人生を終える年齢です。ご承知の通り、生命寿命は１００歳時代といわれるようになりました。

②健康寿命　生命寿命の前に介護状態や認知症になったりする年齢のことです。

③資産寿命　お金が底をつき老後破綻する年齢のことです。

これからの時代は、資産寿命が生命寿命や健康寿命よりも短くなることが十分に予測されます。多くの人がお金を増やす必要があるのです。

環境が変わっている今、
昔正しかった方法が、これからも正しいとは限りません！

お金が底をつき後悔する人生と、老後を豊かに暮らすゆとりのある人生

これからの人生は、２つの道に分かれるでしょう。ひとつはこんなはずではなかったと

いうかたちでお金が底をつき、老後破綻してしまう人生です。もうひとつは老後を豊かに暮らしていけるゆとりの人生です。あなたはどちらを選択するでしょうか？　もちろん誰しもがゆとりの老後を選択したいと考えるのではないでしょうか。しかし、現実問題として老後破綻してしまう人が、これから続出すると予想されています。

昔は、何もしなくても老後は安心でした。しかし環境が変わった今、昔の成功方法がこれからも正しいとは限りません。時代に合った方法をしっかりと選択していくことが必要なのです。

みなさん、いかがでしょう？　日に日に不安は募るばかりではないでしょうか？　不安に押しつぶされそうになっていませんか？　みなさんの気持ちはよくわかります。

私は、国内系の証券会社そして外資系の証券会社を経て、お客様本位を追求するために２００２年に独立をし、独立系ファイナンシャルアドバイザー※（ＩＦＡ）として継続的に活動してきました。セミナー、個別面談を18年以上にわたり毎月実施し続け、今までに１万名以上の方の悩みと向き合ってきました。

みなさんのお金はどこに置いていているでしょうか？　気づけば何年も何年も銀行預金にただ置いているだけ、眠っているだけの状態になっていませんか？

100歳時代という長い人生の旅には適切な乗り物、つまり仕組みが必要です。

お金が正しく働く仕組みをつくって、正しく回していく。

「お金が働く仕組みをつくって時間を過ごす人」と、「ただ過ぎ去っていく人」の違いは想像以上に大きいといえます。それは時間とともに想像の上をいく圧倒的な差となっていくのです。

どんな状況でもまずは大丈夫！　まだ間に合います！
必要な手をひとつずつ積み上げていきましょう

※ＩＦＡ（Independent Financial Advisor）独立系フィナンシャル・アドバイザーとは、金融機関から独立して活動する資産運用コンサルタントであり、特定の銀行・証券・保険会社の営業方針に縛られない

ため、お客様のニーズを最優先した提案をすることができます。お客様の立場で最良と思われる投資の選択肢を提案することを信条として、お客様と『投資のゴール』を共有し、ライフステージに寄り添った資産運用アドバイスを行います。株式、投資信託、債券、ラップなどさまざまな商品ラインナップを駆使しお客様に最適な組み合わせを提示します。また、IFA（アドバイザー）には転勤がありませんので、生涯をともに歩むパートナーとして、大切な資産を守り育て、次の世代に受け継ぐサポートができます。100歳時代のパートナーにふさわしい存在として注目されています。

「お金を増やす、お金の置き場所を変える」ことはやり方次第で怖くない

みなさんは運用といえばどのようなイメージがあるでしょうか？　おそらく「失敗したらどうしよう」「大きな損が出るのではないか」「せっかく頑張って貯めた大切なお金を失いたくない」そんな不安があるのではないでしょうか？　この不安はトレードの世界のお話から来ていると私は考えています。

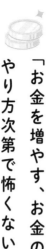

トレードの世界のやり方は、安く買って高く売る。いかに相場の動きを予測するか。売り買いを繰り返して儲けていく。運用といえば、そんなトレードの世界をイメージしている人が多いのではないでしょうか？

このトレードの世界で儲けるためにはコントロールできない相場の価格変動を予測する必要があります。コントロールが難しいものをコントロールしようとして予測するから当然ながら極めて困難で、プロでも失敗するときはあっけなく失敗するわけです。私はみなさんにこの方法をおすすめしたいとは決して思いません。

もうひとつの世界としては「投資の世界」があります。この世界は価格変動を予測して当てるのではなく、むしろ価格変動は予測できないことを前提とします。**投資対象を分散することで浮かび上がる、「蓄積《ちくせき》」という本質に沿って長期的に資産を増大させる世界です。**この世界をしっかりと理解すれば、投資は決して怖いものではないことに納得できるはずです。

世の中にはコントロールできるものもあれば、コントロールできないものもあります。

大切なのは、コントロールできることと、できないことを区別し、自分ができる範囲に全力投球をすることです。

コントロールできないこととは、例えば人生の寿命、相場の価格変動、低金利時代、年金制度の崩壊、リーマン・ショックやコロナショックなどの大変動、自然災害などを指します。これらは自分ではどうすることもできない世界です。これらにとらわれていても、不安や恐れ、怒りが募るばかりです。

しかし、一方でコントロールできる世界もあります。例えばお金の置き場所を変えて、お金に働いてもらう仕組みをつくること、そして変えるために正しく学ぶこと、変えるために誰かの力を借りること、これらはあなただけがコントロールできます。

お金の置き場所を変える！
お金にも働いてもらいましょう！

基本は長期ほったらかしでいきましょう。

怖くない投資・資産運用とはどのようなものでしょうか?

その答えが〝ほったらかし投資〟です。

ほったらかしの意味ですが、

◯基本は長期保有
◯商品を不必要に売買しない

この2つが大前提となります。

そしてこれに加え、〝蓄積を味方につける〟というピリッと効いたスパイスを組み込みます。これは長期保有する〝旨味〟を味わうために欠かせない調味料みたいなものです。

この考え方がないと長期保有の意味がなくなるくらい重要なスパイスなのです。

ちょっと料理に例えてお話ししましたが、**資産運用において〝長期〟の考え方は、世界ですでに主流になっています。**私は日本においてまだ根づいていない、その醍醐味をみなさんに味わっていただきたいと思っています。それを味わえるのが「ほったらかし投資」なのです。

まだ何もしていないからといって、決して焦ってはいけません。目の前の短期的な利益を追いかけて、多くの人は本質を見失い、間違った方向に走ってしまいます。本質なきものはいつか崩れ去るのは自明の理です。

短期で売買せず、わき目もふらずマイペース＝ほったらかしでいきましょう。本書で「ほったらかし投資」の考え方、やり方をわかりやすくお話ししていきます。

ほったらかしの仕組みが機能し始め、気がついたときに眠っていたお金は、あなたの老後を支える大きな柱のひとつとなっているはずです。

著者

第1章 真面目に貯めていれば安心な時代はもう終わった

第2章

ほったらかし投資の 前提となる考え方を学ぼう

第3章 ほったらかし投資を構成する金融商品について学ぼう

第4章 ほったらかし投資を成功させる考え方

第6章 投資をした3家族のケーススタディ

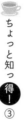

本書は情報提供を目的としています。本書の内容は２０２１年3月11日現在のものであり、予告なく変更されることもあります。また、内容には細心の注意を払いましたが、正確性を保証するものではないことをご了承ください。個別商品の詳細については、各金融機関に直接お問い合わせをお願いします。情報の利用によって、万が一損害が発生した場合、出版社および著者は責任を負いかねます。投資にあたっての最終判断はご自身の責任でお願いいたします。

また、シミュレーション・ケーススタディはあくまでも仮定としての複数の条件をもとに計算した結果を表示したものであり、将来の運用成果を保証するものではありません。また、勧誘するものでもありません。数値の正確さを保証するものでもありません。実際の投資判断はご自身の責任のもとに、目論見書など投資に必要な各種資料を確認いただき、商品内容・リスク・手数料・税金など十分に理解し、ご自身の属性状況・資産状況との適合性をご確認いただいたうえでご判断ください。

第1章

真面目に貯めていれば 安心な時代はもう終わった

漠然とした将来の不安があるのはなぜ？

公的年金はこの先どうなるの？
老後の生活を何不自由なく過ごすには一体いくら必要なの？
預金してもさっぱりお金が増えない……。
収入がこの先安定してもらえるかわからず、不安でしょうがない。
子どもにどこまでお金をかけてもいいんだろう？
住宅を買ってもやっていけるんだろうか？

さまざまな不安があると思います。まとめると「年金」「老後資金」「資産形成」「教育や住宅の資金」の４つの悩みに分けられそうです。ここから一緒にお金の不安を、一つひとつ整理してみましょう。

不安要素① なんで年金は減り続けるの？

「年金は減り続ける」――もう聞き飽きたと思われるかもしれませんが、老後の不安とその解消のためには避けて通れないテーマです。

なぜ年金が減るのか？ に関してここでは難しいことは抜きにして簡単にお話ししたいと思います。

一言でいうと、**少子高齢化で年金を積み立てる人が少なくなって、もらう人が多くなっているのです。**現在の日本の公的年金は、「賦課《ふか》方式」で運営されており、高齢者の年金を現役世代のあなたが支払う制度です。

例えば、老人1人を何人で支えているかという話がよく紹介されますが、少子化により1人の老人を支える人数が減っています。この状況が続くと、かつて1人の老人を6人で支えていたのが今では3人、数年後には2人なんてことにもなるでしょう。これは何も年金だけに限ったことではなく、あなたが毎月支払っている社会保険料などにも関係してくる話です。

過去の給料明細を眺めてください。よく見るとここ数年で社会保険料が上がっていませんか？　支える人数が減っているわけですから、現役世代の負担が増えるのは当然ですよね。知らない間に手取りの給料も減っていったりして……。耳が痛い話だと思われるかもしれませんが、これが現実なのです。

そして、支える現役世代の負担増に加えて、支えてもらう側である高齢者の負担も今後大きく増えてくることが予想されます。

身近な例でいうと、医療費負担の問題です。後期高齢者の1割負担が2割になる可能性が出てきていますし、さらに高所得者の高齢者の負担も増えてくるでしょう。現役世代の生活に支障をきたすので仕方がないことかもしれません。

ここで一度整理してみましょう。今現役で働いている方からすると、

・現役時代の負担増
・高齢者になってからの（つまり老後の）負担増

という二重苦を背負わなければなりません。これに住宅ローン、お子さんがいれば教育費、高齢者がいて介護が必要なら介護費用も必要になってきます。高齢者の介護の場合は年金である程度カバーできますが、老人ホームなど施設に入居すれば、年金だけではカバーしきれず、自分たちの持ち出しになることだってあります。こうしたことを頭に入れておかなければならないわけですね。そうなると、お金はいくらあっても足りません。

いざとなれば、国がなんとかしてくれるとお思いかもしれませんが、公的年金破綻が叫ばれている今、それは難しい状況といえるでしょう。

すでに私のところにもこうした将来のことを心配して相談に来られる方が増えています。自分の将来のことはもちろん、自分の周りの環境も考慮してお金の準備をしたいと考える方が増えているのです。

年金については、減り続ける理由とその問題の背景、そして今後予想されることがある程度わかりましたね。

また、公的年金については、年金機構から送られてくる**〝年金定期便〟**で公的年金の納付実績と受け取り見込み額がわかるようになりましたから、お手元に届いたら確認してみましょう。「意外と少ない」と驚いてしまうかもしれません。とはいえ、せっかくこういったものが送られてくるのですから、落胆せずに老後に必要なお金を逆算してその対策を打ちましょう。今までこんなに頑張ってきたのに……と思ってしまうところですが、現実年金は減り続けています。仕方がない、とやり過ごすことなく、本書を読んでお金を増やすために頑張っていきましょう。

ちょっと知っ得！①

公的年金は2階建て

みなさんの中には耳にタコができている人がいるかもしれませんが、年金、年金と何度も出てくる公的年金について、できるだけわかりやすくお話しします。

ここでは一般のサラリーマン、ＯＬが加入する公的年金についてお話しします。公的年金とは、20歳以上になった全国民が加入する国民年金と、会社員が加入する厚生年金の2種類のことを指します。一般の会社員で厚生年金に加入している場合は、国民年金と合わせて2つの年金に加入していることになりますから、日本の公的年金制度は「2階建て構造」といわれています。

なお、厚生労働省の公的年金紹介ページでは、『日本の公的年金制度は、自分の払った保

公的年金制度

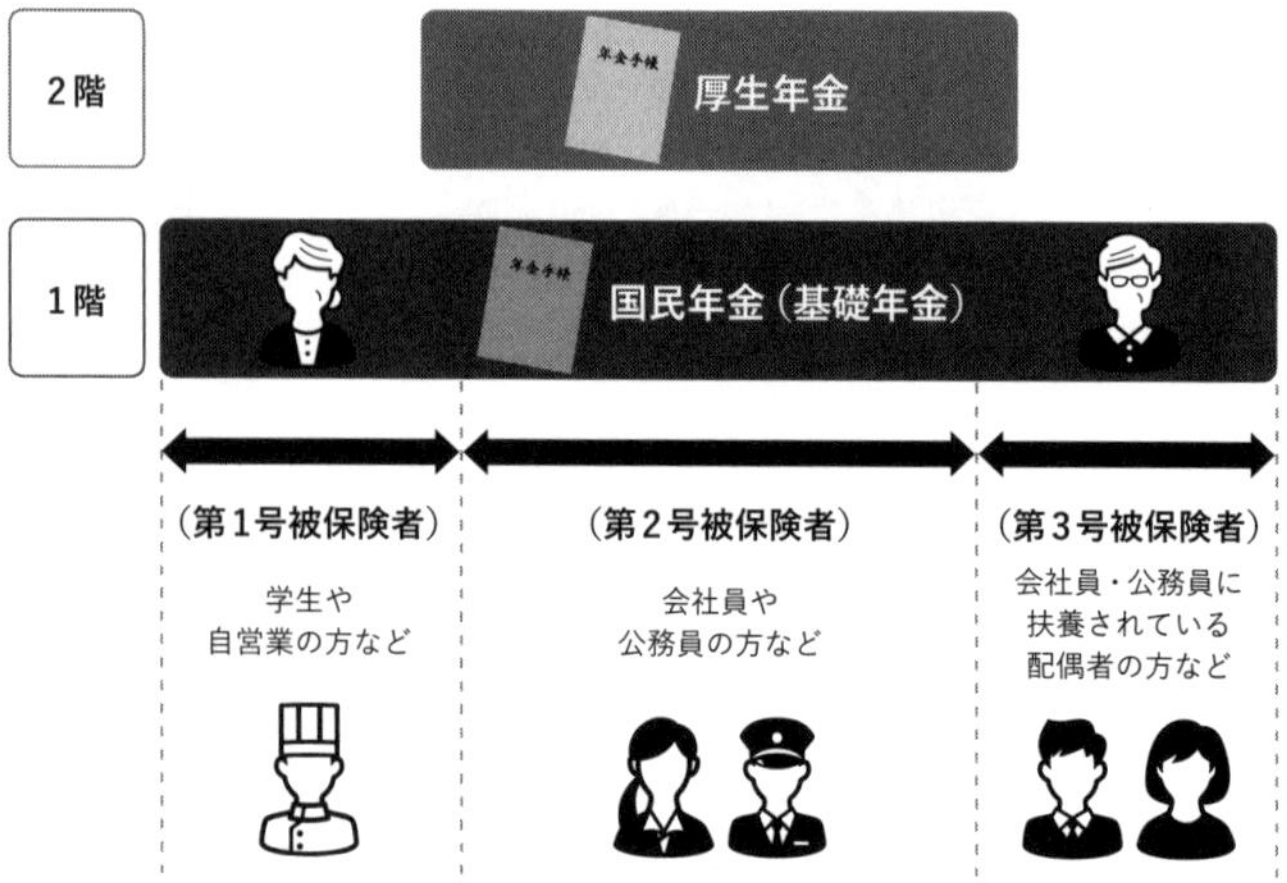

険料が貯蓄され、将来そのお金を受け取る制度ではありません。働いている世代が払っている保険料は、現在の高齢者の年金給付にあてられる「世代間の支え合い」によって成立している制度です。』と説明されています。

これは先ほどお話しした「賦課方式」といって、**高齢者に払う年金のために現役世代のあなたが保険料を支払っている**ことになるのですね。**現役世代から年金受給世代への仕送り**に近いイメージです。

不安要素②

老後2000万円問題ってどういうこと？

公的年金がこれから減っていくとお伝えしましたが、これにもう少し関係するお話があります。老後2000万円問題です。これもよく新聞やテレビで見聞きしている方も多いと思います。

高齢化時代になり私たちの寿命も長くなってきますと、当然必要なお金も増えてきます。資産家でもない限り、この悩みは避けて通れません。

会社員の多くは60歳で定年、再雇用制度などで仮に65歳まで働けたとしても、給与収入は減ってしまいます。つまり65歳から公的年金の支給を受けたとしても公的年金にプラスの収入が得にくくなるのです。65歳で再雇用制度が終わってしまったら年金と残った預貯金で生活しなければなりません。当然、ここまでに預貯金の残高が減ってしまうことも考えておかなければなりません。65歳以上も働ける人はいいですが、そうでないと老後破綻してしまう可能性があります。

先ほどもお話ししましたが、支給される公的年金は減り続けていきます。例えば70歳や75歳まで住宅ローンを設定していると、とてもローンを返していけず、せっかく手に入れたマイホームを仕方なく手放さなければならない、ということになってしまいます。

なぜこのようになってしまうのでしょうか？　ここで老後2000万円問題を詳しく知っておくことが必要だと私は思っています。

そもそも**「老後2000万円問題」**といいますが、なぜ2000万円なのでしょうか。

この2000万円の意味は、次のようになっています。

仮に夫婦2人の場合、収入（この場合は公的年金です）と支出（生活費）の差を月5・5万円として、30年分を計算すると概ね2000万円も不足するのです。

（例）夫65歳、妻60歳夫婦ともに無職

・収入（この場合夫婦の年金）月20・9万円

・支出（夫婦の生活費）月26・4万円

・毎月不足する金額　26・4万円－20・9万円＝5・5万円
・老後に不足する金額　月5・5万円×12カ月×30年＝1980万円
⇐
約2000万円不足する!!

では、ここで「老後の準備の必要性」というグラフ（33ページ）をご用意しましたので説明しましょう。点線の動きを見てください。**退職して何もしないと貯蓄は大きく減っていきます。**老後資金が底をつく可能性が高くなります。現在、若い人ほどそれが現実化していく可能性が高い状態なのです。

しかし、やることをやっていけば変わっていきます。それは、図の実線部分をご覧いただくことでわかっていただけると思います。これはあとで説明しますが、「バスタブ理論」（55ページ参照）といいまして、**「入りを増やして出ていくものを抑える」**という考え方です。これに運用利回りを加えていけば残高を増やすことができるのです。もちろん途中で切り崩すこともありますが、退職後にもさまざまな運用利回りを加えることも可能で、要は寿命が終わるまでにお金が底をつかない状態に持っていくことが大切なのです。

そのためには、なるべく早くやるべきことを積み上げていかなければなりませんね。イメージしやすくするために「老後2000万円問題と対策」の図を見てください。


1人あたりの老後の生活資金が、いくら必要なのかを計算しています。

毎月の生活費は、月20万円かかり、60歳で引退して働かず、65歳から厚生年金が月14万円もらえるとします。そして人生を87歳で終えるとした場合（女性の平均寿命）の計算をしてみましょう。

60歳から65歳までの間の無年金時代に1200万円が不足します。65歳になって厚生年金月14万円が入ってくるとすると、毎月の生活費　月20万円－厚生年金　月14万円＝毎月6万円の不足になります。これを65歳から87歳（女性の平均寿命）までで計算すると1584万円の不足となります。先ほどの1200万円と合計して2784万円となります。これが老後までに準備しないといけない金額となります。

老後2000万円問題はあるモデルにおいてはそうですが、**実は一人ひとり不足する金**

老後の準備の必要性

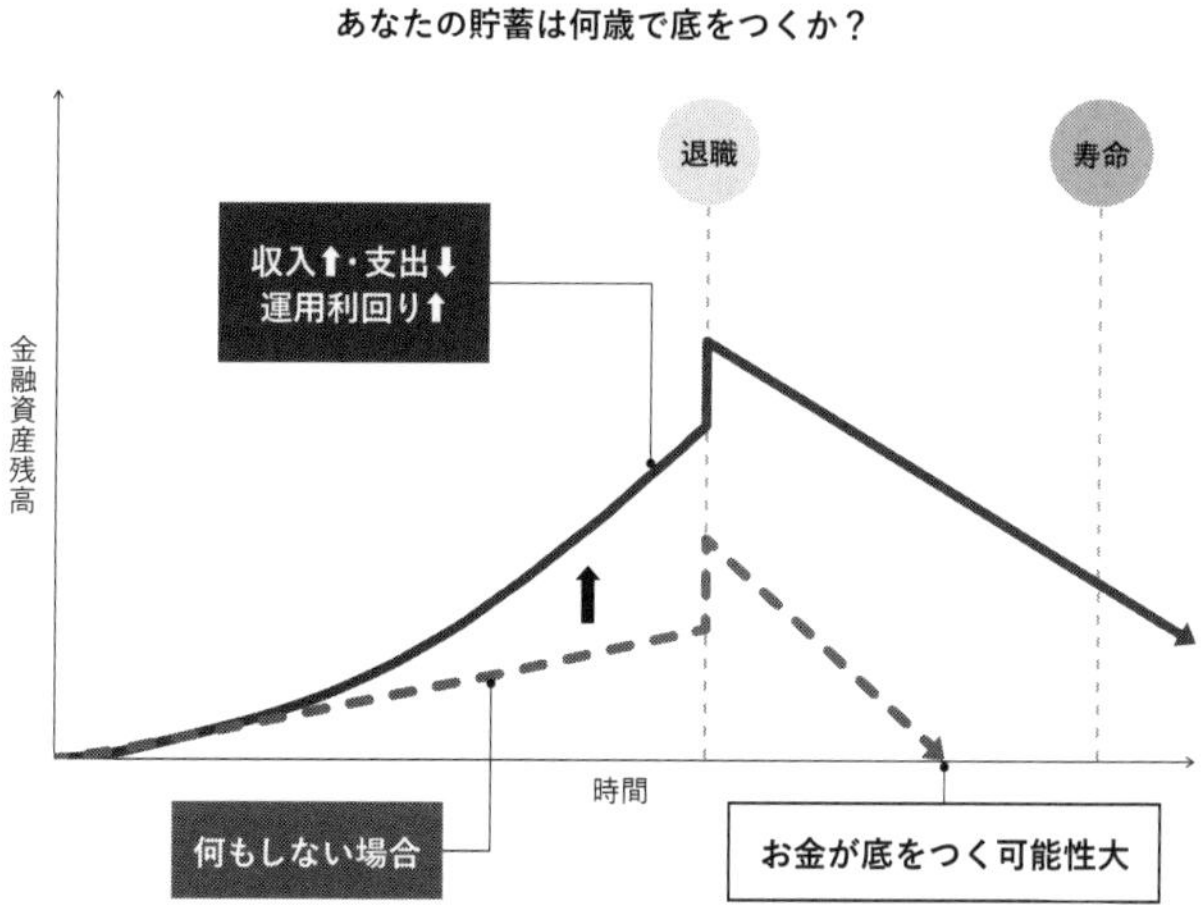

老後2,000万円問題と対策

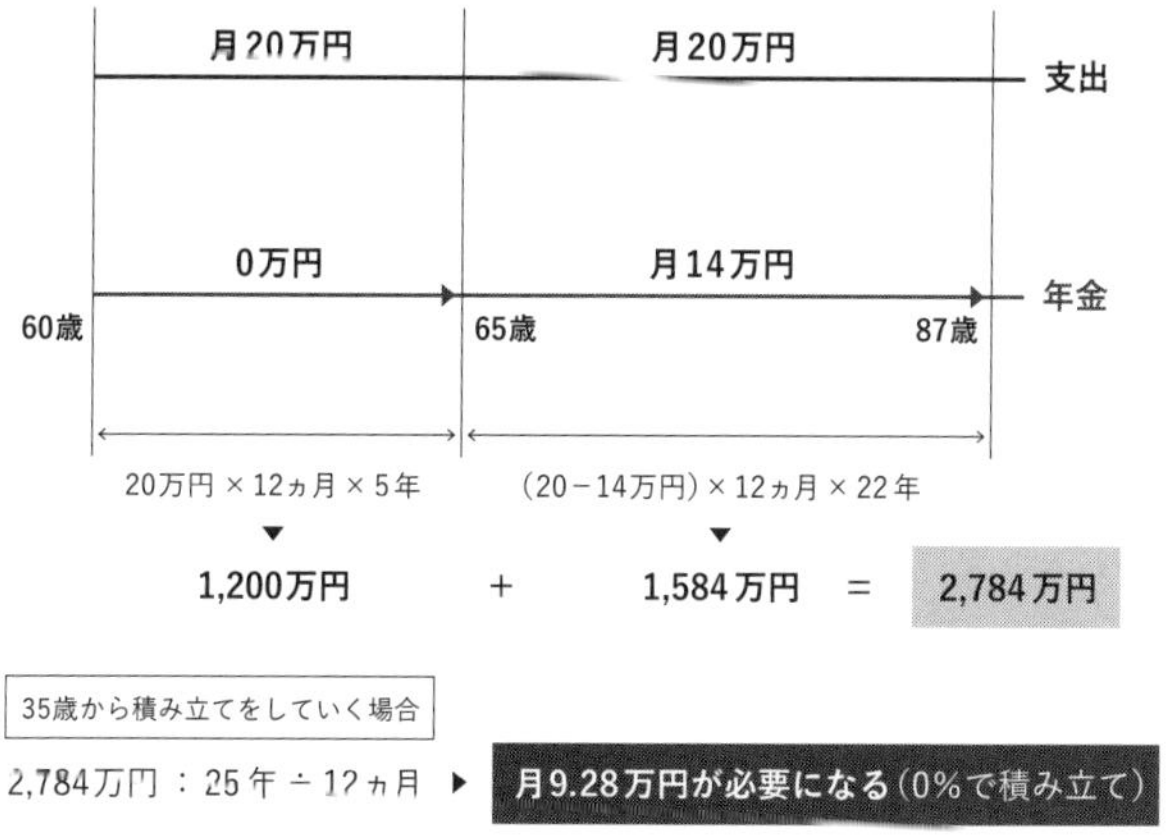

額が異なります。生活費をいくら確保するか？　年金がいくらもらえるか？　何歳まで働くか？　何歳まで生きるか？　この辺によって金額は随分と変わってきます。ですので、一度自分の将来を計画してみましょう。

老後2000万円問題とは、何もしなければ図のようにお金が底をつく日が必ずやって来るので、老後に備えてやれることを始めましょう、という意味だと私は思っています。

不安要素③　預金しても資産が増えない？

100万円を銀行に預けて利息はいくらだと思いますか？　大手都市銀行の定期預金の金利が0・002％ですから1年預けて20円ということになります。たった20円です。このような超低金利時代、銀行にお金を預けてもまず増えることはありません。

このような状態がもうずっと続いていますし、今後も続くことが予想されます。バブル時代には7％前後あった預金利息。まさにほったらかしの状態でも10年もすれば元本がほぼ倍になる時代でした（年利7％あれば10年で倍になるといわれています）。何も危険を冒してまで運用なんてしなくても預けておくだけで、増えていく。それで十分でした。現在の超低金利時代にあっても「そんなにあくせく増やさなくてもいいじゃない、投資なんてしたら減ってしまう」と考えている方が多くいらっしゃいます。

みなさんの中には証券口座をつくるのにも腰が引けてしまう方が多いのではないでしょうか？　預金以外にお金を回す、投資＝博打やギャンブル。「株式投資や何か投資商品を買うにも家族や周りの人には内緒にしています」という話をよく耳にします。

私の周りには、証券口座に預けるだけでお金が減っていくのではないか、と考えている方もいるほどです。証券会社でいろいろすすめられてもどうも気が進まず、結局銀行に預けておいたほうが安心だろう、と思ってしまう方も多いようです。預金は王道、証券は邪道と考えている方が多いのが日本の実状なのです。

このような具合で、日本では預金をしている割合が諸外国と比べ高くなっています。例えば、日本における預金の割合は54・2％に達しているのに対してアメリカでは預金は13・7％で株式は32・5％あります。いわゆるリスク資産とよばれる元本保証のない商品で運用している割合が日本に比べ多くなっています。

日米欧の金融資産構成

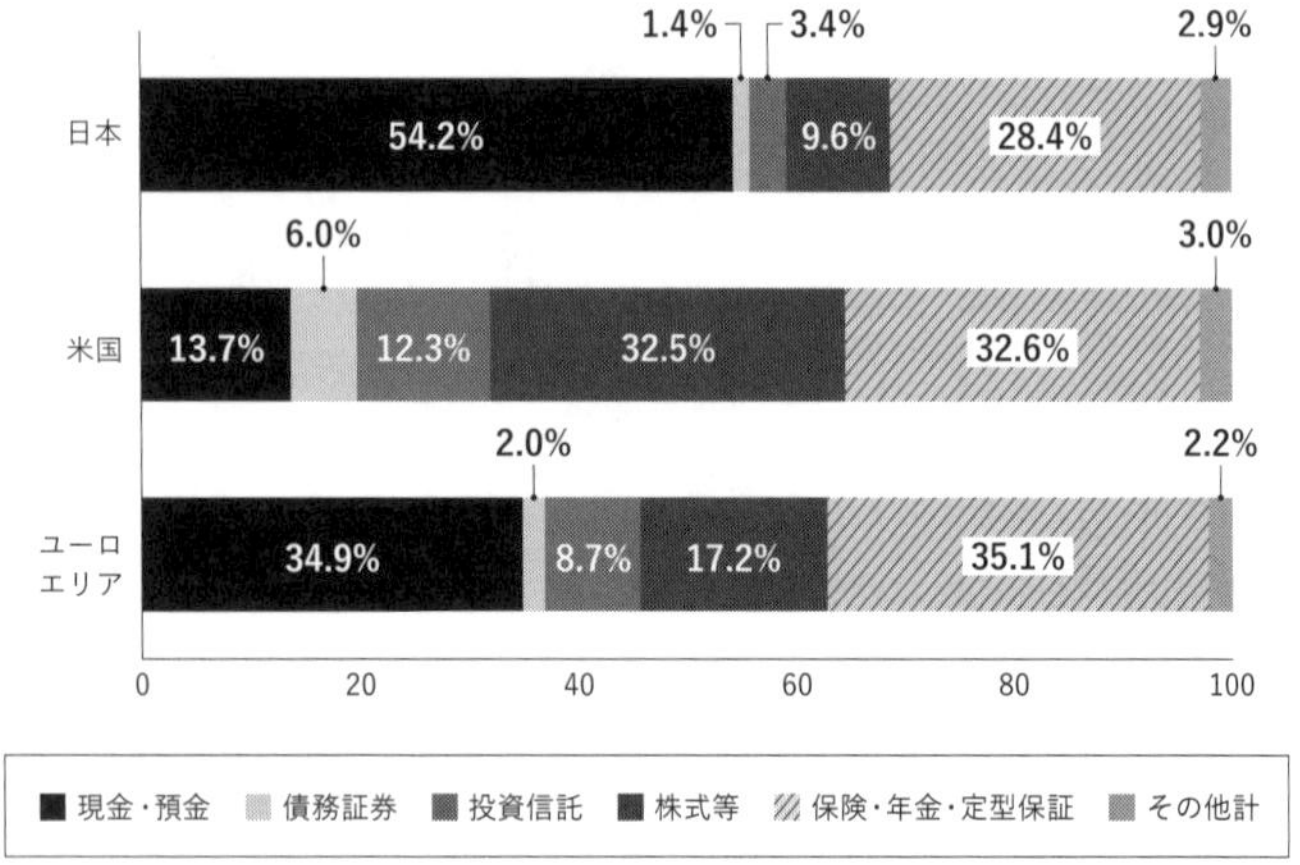

出所：日本銀行調査統計局 2020年8月21日『資金循環の日米欧比較 家計の金融資産構成』

なぜ、大きな違いがあるのかといいますと、日本では金融に関する教育がほぼ行われていないことが原因です。

日本には小学校や中学校で運用を含めて金融教育を受ける機会がないのです。それとアメリカに関しては、国が運営する保険がありません。その代表が健康保険制度ですね。国民皆保険の日本とは違い、アメリカでは風邪で病院にかかるのも高額な医療費を請求されることもあります。このような背景もあり、欧米人、特にアメリカ国民はお金を自分で増やしていかなければならない、という考えが根づいているのでしょう。

教育と聞くと大げさかもしれませんが、簡単にいえばお金に関する知識です。お金の知識がないばかりに、投資や運用は怖い、手を出したらお金が減ってしまう、運用なんてやらないで銀行に預けておいたほうがいい、という結論になってしまうのです。

しかし、お金や運用について「本当はどうなの」と知りたがっている人は多いと感じています。銀行にお金を預けても増えない今こそ、運用やお金の動かし方を知って、一歩踏み出すことが必要になってきます。**本質をしっかり理解したときには、預貯金ではなく、投資の道を選択しているでしょう。**

不安要素④ 教育資金、住宅ローンはどう考えたらいい？

ここまで、みなさんが不安に思っていることに私なりにお答えしてきましたが、最後に教育資金と住宅ローンについて考えてみます。これは各家庭で事情も異なり、できるだけ明確なキャッシュフロー表などをもとに考えたほうがいいでしょう。ただ、多くの方がどれくらいのお金が必要か〝わからない〟のが実情のようです。

教育資金については、そもそもお子さんが何人いるか？　学校は公立なのか私立なのかで準備資金はまるで違ってきます。住宅に関しても、いくらの家を購入するのか？　により準備資金も違いますし、ローンを組んでもやっていけるのだろうか？　と不安な方もいらっしゃるかもしれません。〝わからない〟〝知らない〟ままだと、不安は増すばかりです。

例えば、住宅ローンにしても35年で組むとすると、組んだ年齢によっては60歳の定年を超える人もいます。60歳定年でローンを完済するには25歳から組まなければなりません。中には退職金で残ったローンを完済しようとする人がいるかもしれませんが、正直退職金もそうあてにできる時代ではありません。

晩婚化が進んでいる今日、30代後半～40代で第一子が誕生となると、その子が大学卒業前に自分は定年を迎えてしまうことになります。こういったことを考えていくと、いつまでにいくらお金が必要なのかをなるべく早く〝知って〟おくべきだと思います。例えば、35歳過ぎで結婚するとすぐ子どもができたとしても、教育費と老後の生活資金を同時に準備しなければなりません。教育費にお金をかけすぎると、子どもが独立して、気づいたときには自分たちの老後資金がない、ということにもなりかねません。

一般に3大資金といわれる教育・住宅・老後。この三者のバランスを考えて準備することが大切になります。ところが、どうしても直近のことに目を奪われ、教育と住宅にお金を注いでしまい、老後のことを忘れてしまっている人が多いように思われます。できれば、必要が迫る前にお金に稼いでもらう仕組みづくりをしておく必要があります。お金を〝貯めやすい〟時期は、独身時代と子どもが小学校卒業くらいまでの間と、子どもが独立してから老後までがベストといわれていますから、少しでも早く一歩を踏み出すことが大切です。

人生の3大資金は教育・住宅・老後資金
あなたの状況にあったライフプラン設計は絶対に欠かせない！

実際の収支シミュレーションでわかる！「何もしないリスク」

ではここで、ある家族構成のシミュレーションを見てみましょう。

〈事例〉
・夫：45歳　妻：42歳　長男：15歳　長女：12歳
・夫の年収：570万円　妻のパート収入：月8万円
・毎月の生活費：月28万円　貯蓄：650万円
・夫の定年：65歳　退職金：1500万円

まずは、650万円ある貯金を一切運用せずに過ごした場合の貯蓄残高が左の図です。

ある家族の金融資産残高推移（運用しない場合）

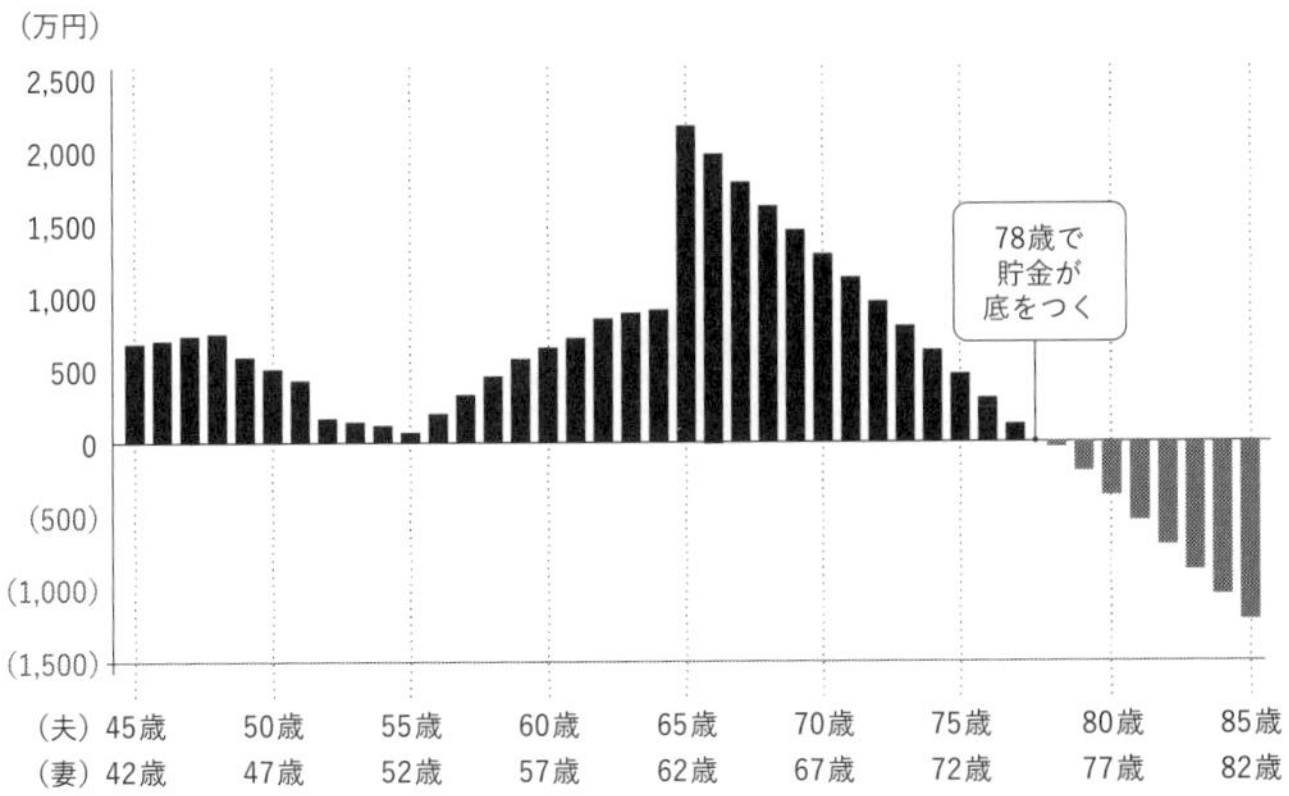

夫が52歳になったあたりで減っていますが、それは教育費で減っているところです。そこを過ぎると老後に向けて増やせるのです。さらに退職金をもらって残高が増えていますが、引退後は公的年金だけでは生活費を賄えないので貯金を切り崩して生活していきます。そうすると貯蓄は減っていき、**この場合78歳で貯金が底をつくことになりました。**何歳まで生きるかによっても変わりますが、人生１００年とすると全然足りないことがわかります。

かといって、収入を上げるといってもそう簡単にいきません。そこで６５０万円の貯蓄のうち、３００万円を運用して置き場所を変えて試算したのが、次ページの上の図になり

ある家族の金融資産残高推移（3%で運用）

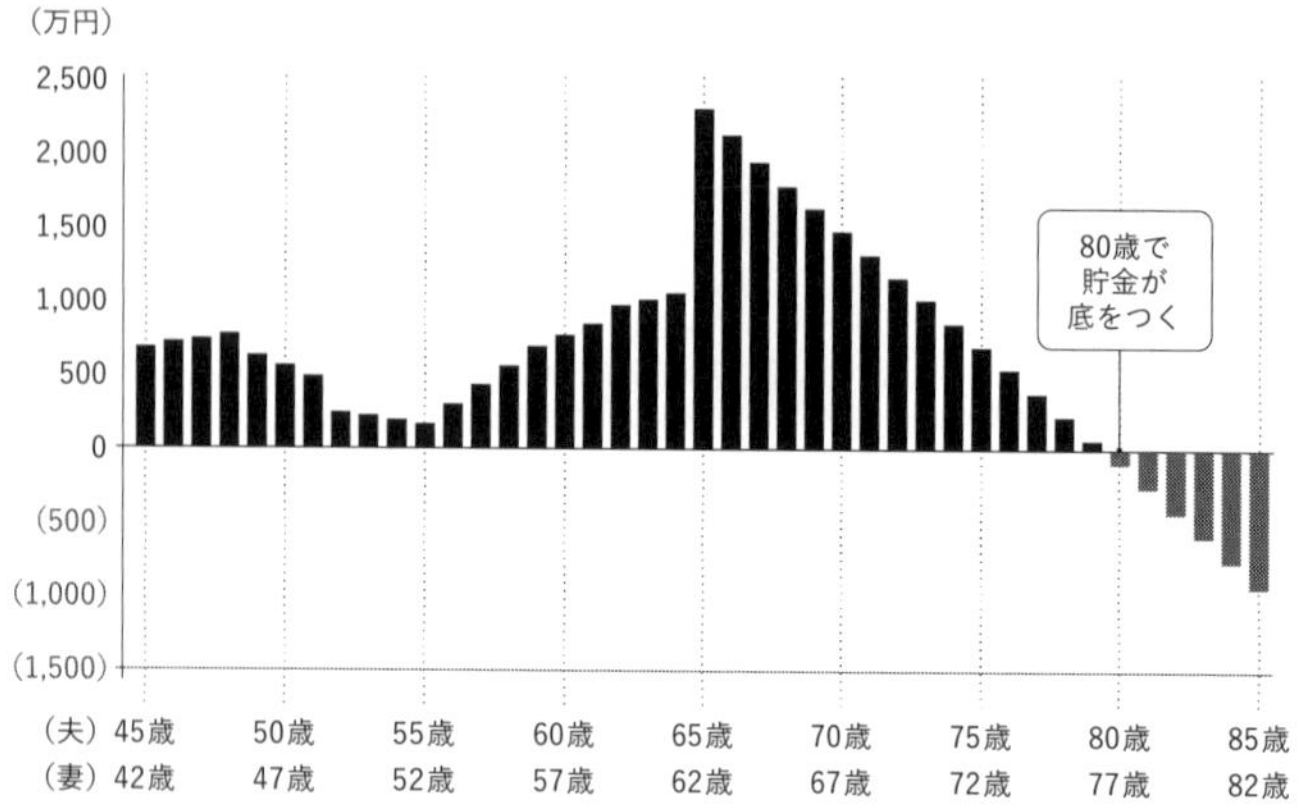

ある家族の金融資産残高推移（8%で運用）

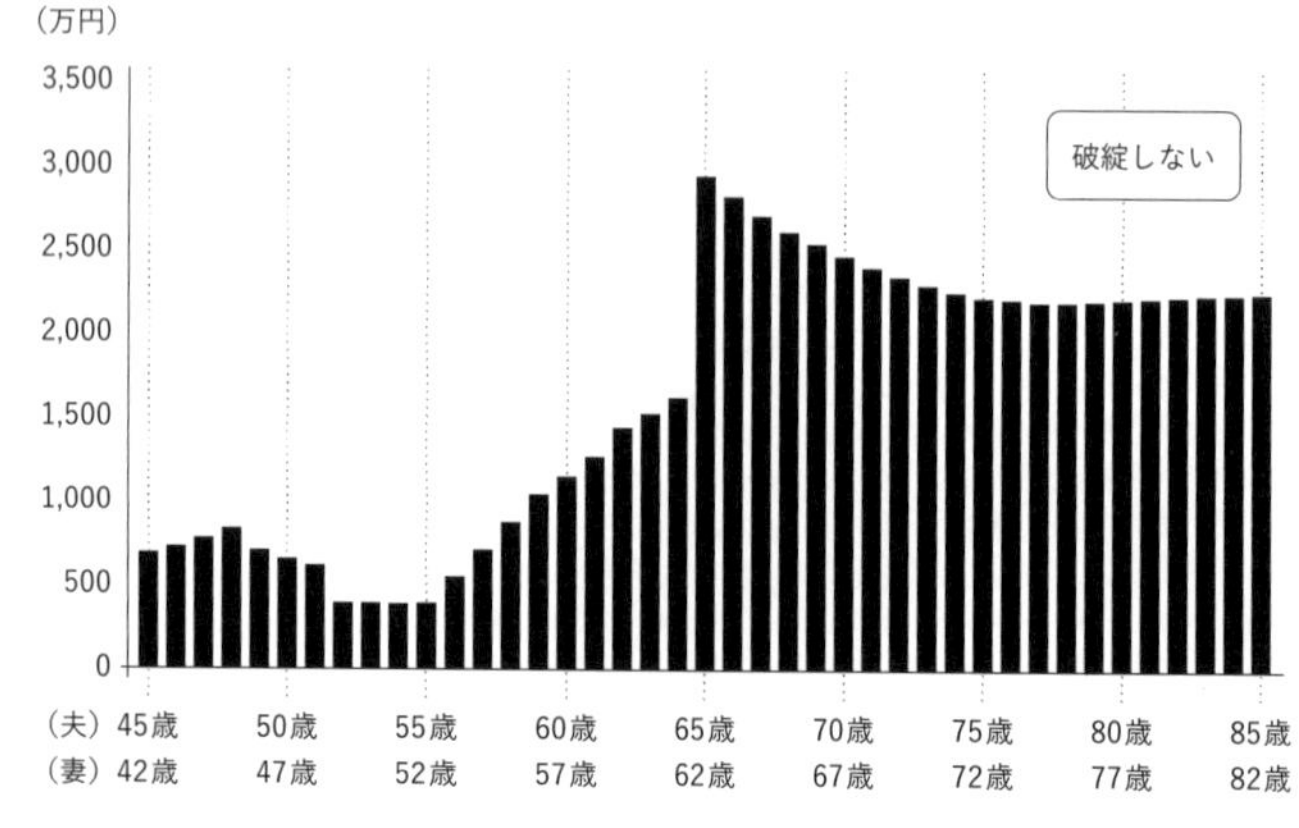

ます。

45歳から年3％で運用した場合、破綻時期を80歳まで延ばすことができました。

5％の金利でシミュレーションすると、83歳まで伸ばすことができます。もちろん5％の金利を味方につける場合、資産配分の中に株式なども組み込んでいかなければなりません。リスクの管理が必要ですので、やり方はあとの章で詳しく解説いたします。

さらに8％の金利を味方につけた場合が下の図で、破綻しない結果になりました。

このように見ると、**どういう場所にお金を置いて運用するかが、老後を大きく左右する**ことがよくわかると思います。100歳時代、長い人生の旅には適切な乗り物（仕組み）が必要です。

運用利回りの差が老後に与える影響の大きさは
想像以上に大きいです！

一番の不安は「投資が怖い、方法を知らない」

これまで話してきた通り「投資＝ギャンブル」のイメージから、怖い印象を抱いている方がいらっしゃいます。ですが本来、投資・運用はそういうものではありません。また、中には失敗して借金を背負い込むのではないかと思っている人もいます。信用取引などで借金して取引するようならば、そういうこともあるのかもしれませんが、私はそのようなものは絶対におすすめしません。とにかく、そういったものをひっくるめて投資は怖い、投資をすすめる人に近づいたら危険という固定観念が多くの方に広まってしまったようです。

80年代後半のバブル時代には、一攫千金を求めて、あらゆる投資に手を出し失敗した方が大勢いらっしゃいました。しかし、**あれは投資ではなく投機だったのです。**たしかに、中にはあのバブルで大儲けをした人もいたかもしれませんが、そんな人は一握り。もともと投資には慎重だった日本人に、あのバブルの悪夢が〝投資＝投機＝怖い〟という考え方をより強く印象づけてしまったのかもしれません。

私が証券会社に勤めていたときも、自分で売買している多くの人が損をしているのをよく見てきました。実際、ごく一部の人だけが儲かる世界だと感じるときもありました。しかし、本当はそうではありません。投資や運用はお金に働いてもらって、お金を増やすためにあることをお伝えしていきたいと思います。

またみなさんの中には、**元手がたくさんないと投資などできない、と考えておられる方がいるようですが、そんなことはありません。**お金の置き場所を投機的なところに置かず、健全に働いてもらえるところに置きましょう。そして、長期的に時間と金利を味方につけて増やしていきましょう。

誰に相談していいかわからない、
身近に相談できる人がいないこともあるかもしれませんね。
そういう方もぜひ本書を読み、一緒に学んでいきましょう。

世界一カンタンなほったらかし投資を始めよう

さて、いよいよ「ほったらかし投資」について説明していきます。

「ほったらかし投資」を一言でいうと、

「放っておいてもお金が増える仕組みをつくり、その仕組みで回していく」

ということです。具体的には**投資信託を購入し、運用会社が投資信託を運用している時間を自分の時間にしていく**のです。どういうことかというと、自分で運用・管理しようとすると、それにかかる時間をとられてしまいますよね。それは「もったいない」と思うのです。投資信託ならば、運用会社に運用を任せておけばいいわけですから、毎日パソコンで運用成績を見たり、通勤時間にスマホで確認したり売買する必要はありません。その手間と時間を自分の好きなことや、やるべきことに使ったほうが充実した人生を過ごせると思いませんか？

また、選ぶときには、自分の人生設計に合った投資信託を組み合わせていきましょう。

あなたの大切なお金は、銀行やタンスでじっとしているのではないでしょうか。それもたしかにほったらかしではあるのですが、どうせほったらかしにするのであれば、お金に働いてもらったほうがいいですよね。つまり、お金の置き場を変えてあげましょう。それが、私がおすすめする「ほったらかし投資」です。

これならば、投資するハードルもそんなに高くないですし、**月1万円からの積み立て投資も可能です。そして知らず知らずのうちにお金が働いてくれるのです。**この月1万円の積み立てが将来、想像を超える結果につながります。このようなお話をすると、「ほったらかしで本当に大丈夫ですか？」との質問をいただきますが、「大丈夫ですよ、お金が有効に働いてくれるところに置いていますから」とお答えしています。この置き場所が重要なのです。

ここでちょっとまとめてみましょう。

「ほったらかし投資」とは、

1．銀行やタンス預金から、お金の置き場所を変える
2．ゴールから逆算し、あなたの人生設計に合った投資信託を選ぶ
3．運用や管理するための時間を、本来あなたがするべきことや、やりたいことに使う
4．日々の値動きに惑わされず信念を持って長期で保有（ほったらかし）

この４つの流れで行います。

ただし、ほったらかし、といっても原則年に１回は、投資・運用されているお金（投資信託）がきちんと働いているかをチェックする必要があります。しかし、最初から長期でほったらかしできるものを選んでいますので、大きく組み替えたりすることはほとんどありません。

あとでお話しさせていただきますが、長期で保有して複利で回していく考えです。**世の**

中の動きに価格が影響されて、価格が本質から少し乖離《かいり》して上下するときもありますが、そこで慌てるのではなく、長い目で本質的蓄積の原則に則って、じっくり成長を見守っていくのがほったらかしのスタンスです。

第2章

ほったらかし投資の前提となる考え方を学ぼう

人生のゴールから逆算しよう！

そもそも、何のために投資をするのでしょう？

「周りがやっているから？」「少しでも儲けたいから？」「面白そうだから？」

実はそうではありません。あなたのゴールを実現するためです。

あなたは、今どこにいて、そしてどこに行きたいのか？

ゴールに行くために必要であれば取り入れる、必要でなければやめておくと判断していきましょう。

ファイナンシャルプランニングを考えるうえで大切なのは現在地とゴールです。

まず現在地から考えていきましょう。例えば、今の収入状況、支出状況、貯蓄状況、家族構成、考え方、年齢など人それぞれ現状があります。まずここでみなさんにお伝えした

ファイナンシャルプランニングとは

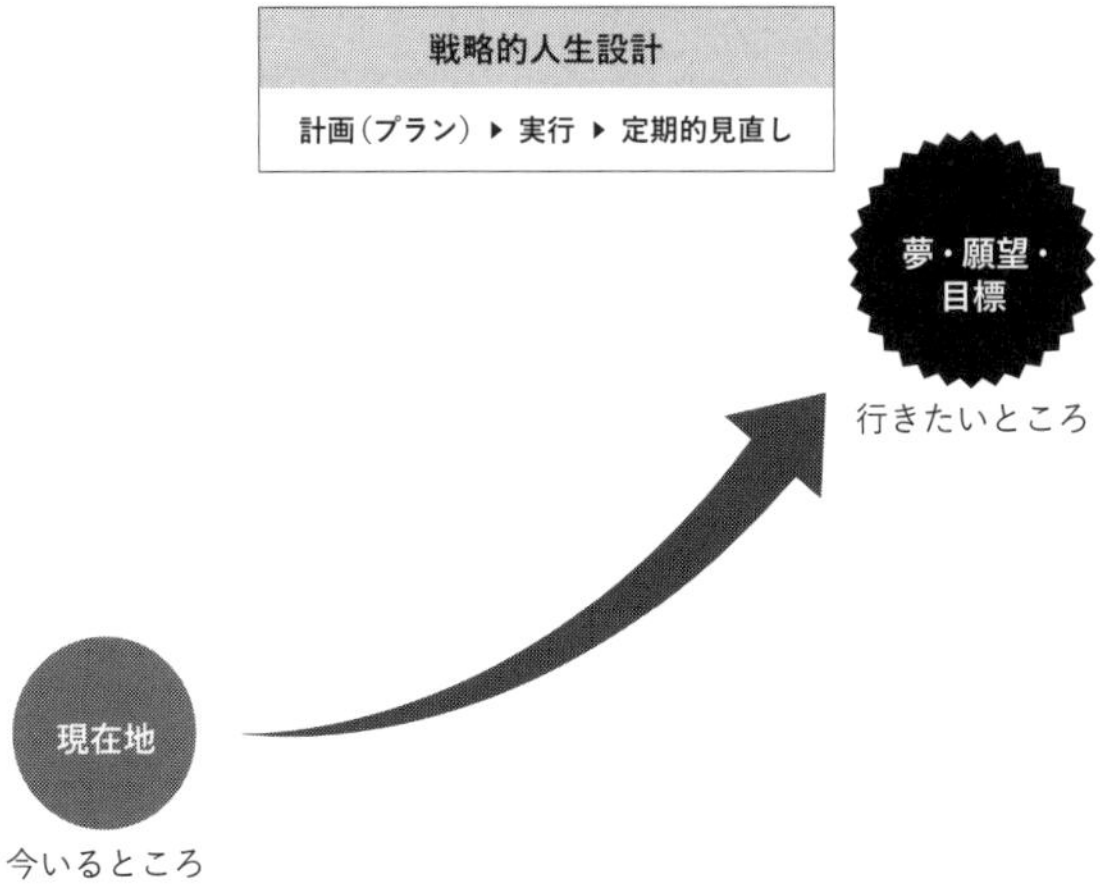

いのは、現状は「ありのままで大丈夫」ということです。人と比較する必要もないし、「これが正解だからこうでないとダメ」などと考えないようにしてください。まずは正しく現在地を知ることです。大切なのは、自分が今どういう状況かをしっかりと整理し認識し、そして受け入れることです。

そして次にゴールです。夢・願望・目標、人それぞれゴールは違います。ゴールも現在地と同じく、人と比較する必要はありません。「あなたがどうしたいか」を考えてみましょう。振り返って「本当に良かったな」と思える人生であればいいのではないでしょうか？　どの道を選択しても、正しいといえます。現在地とゴールが明確になれば次に大切なのは、どうやったらゴールにたどり着けるのか？　を考えて実行していくことです。

カーナビに例えて考えてみましょう。

カーナビは行き先を設定します。現在地は衛星から把握されて常に正しく認識されています。行き先から逆算してルートが出てきます。そしてその指定されたルート通りに進んでいくとゴールにたどり着きます。運用も全く同じといえます。**人生のゴールを定め、現在地を正しく認識し、必要な手段を探っていきます。**

もしゴールに対してずれていれば、軌道修正をして目的地に行くために効果的な方法を選択し直します。ゴールに対する効果性というフィードバックシステムが働いている限り目的からずれることはありません。

流行ってるから、面白そうだからという理由ではなく、ゴールに対する効果性を見ながら判断していきましょう。

資産形成の本質は蓄積。「バスタブ理論」を理解しよう

ここでは資産形成の本質である「バスタブ理論」について説明します。
その前に家計改善についてお話ししましょう。
重要なポイントは次の3つです。

①入るお金（収入）を増やす【価値創造】
②出ていくお金（支出）を減らす【優先順位】
③投資の運用利回りを上げ、期間を長くする【価値集積】

資産形成の原理、原則は「バスタブ」に例えられると考えています。

資産形成の方法（バスタブ理論）

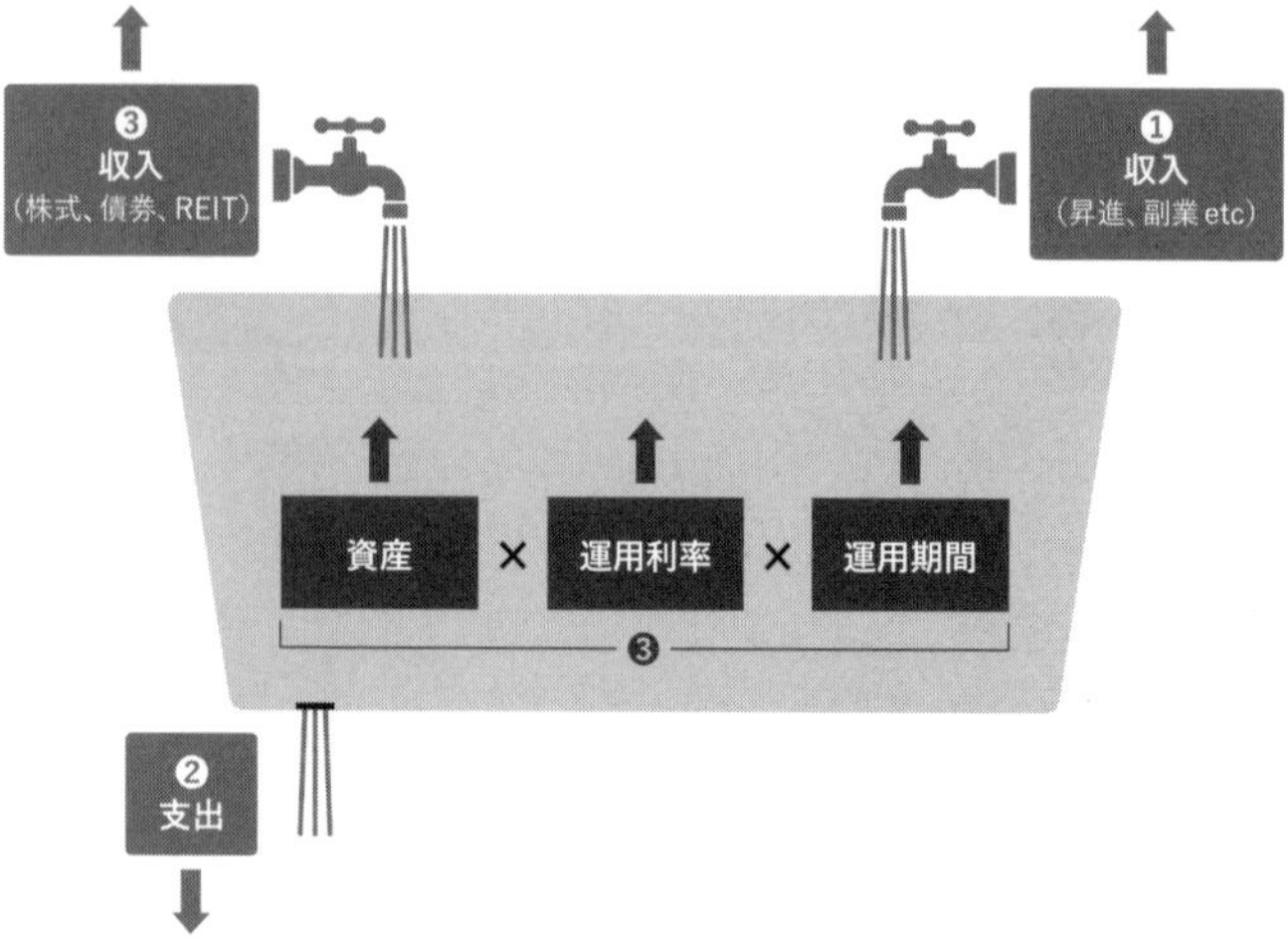

上の図を見てください。**資産形成とは、このバスタブの水を増やすことなのです。**蛇口から注がれている水が収入、排水溝から流れ出ている水が支出とイメージしてください。より多くの水（収入）を注ぎ、排出される水（支出）が少なければ少ないほど、バスタブに水がどんどん溜まっていきます。

もちろん、人それぞれ置かれた状況はさまざまですので、ここに書いてあるすべてをやる必要はありません。まずは①②③の中で、できそうなことから始めて、徐々にバスタブの水を増やしていけば大丈夫です。

①入るお金（収入）を増やす【価値創造】

それでは、ひとつずつ見ていきましょう。まず、**収入を増やすとは価値を創造すること**です。

収入に関しては、自分のスキルを高め、付加価値を高め、それを1人でも多くの人に役立てていくことが大切です。

縦軸横軸みたいなイメージを描いていただくとわかりやすいです。縦軸に自分の付加価値を上げて拡張していくこと。横軸に1人でも多くの人に貢献すると考え、自分の価値を幅広く提供していくこと。

縦軸横軸それぞれを拡張していくと、面積が広がっていき、貢献の面積が大きくなり、対価としての収入も大きくなっていくのです。

価値を創造するには

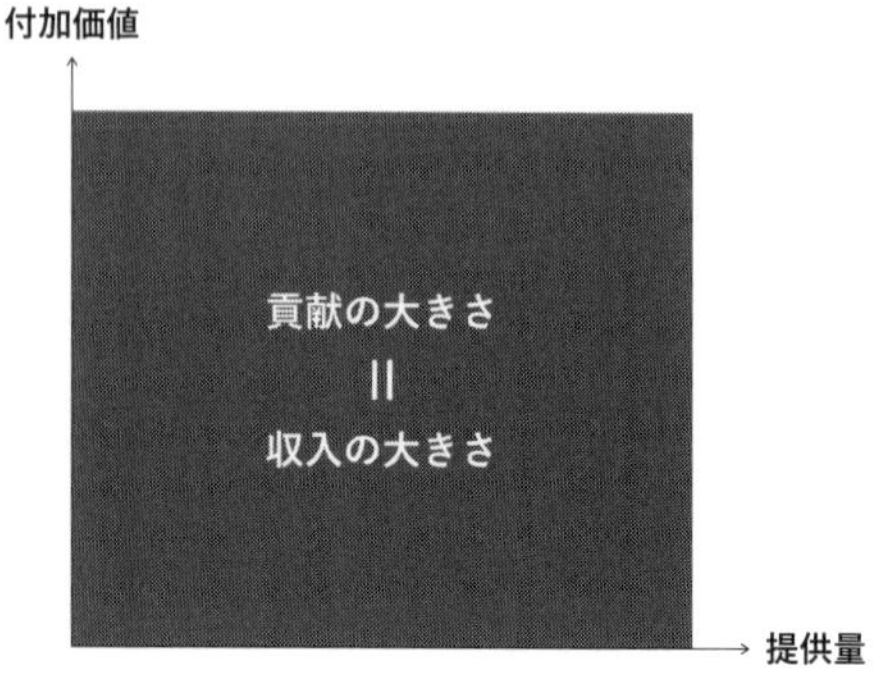

私は運用においては仕組みをつくって、回していくという考え方をとっています。それは**あなたが集中すべきは運用ではなく、意識・労力・時間をこの価値創造に注ぎ込むこと**が人生設計としてベストであり、また生きがいにもなると考えているからです。ただご時世柄、状況によっては副業を持つことが必要な場合もあるかもしれません。

しかし、あなたの本業に集中することが基本であると思います。このあたりは、人生設計から総合的に判断していく必要があります。

②出ていくお金（支出）を減らす【優先順位】

支出を押さえるとは、優先順位に従うことです。

ここでのキーワードは、**1．天引きする、2．無駄を省く　3．残りでやりくりする**です。

1．天引きする

まず収入の1割（できれば2割）を先に貯蓄に回し、その残りを支出にあてましょう。支出においては明確に優先順位をつける必要があります。「余ったら貯蓄しよう」という考えではお金は絶対に貯まりません。先に収入の1割（できれば2割）を貯蓄し、そこから家計内で優先順位をつけてお金を使うようにします。

将来のキャッシュフローを考えながら、老後資金・住宅購入資金・教育資金と割り振っていきます。現在必要な資金だけに限らず、近い将来、遠い将来に必要な資金にもしっかりと目を配りながら、優先順位の高いものから順番におさえていくことが重要です。必要であれば我慢をする、あきらめる領域も必要かもしれません。

2．無駄を省く

バスタブの排水溝から水がだだ漏れしているようなら、それを止めることが重要ですね。無駄を省き家計を改善するために、まず固定費と変動費に分け、固定費から見直しをしましょう。

固定費の見直しからまず行うのは、その効果が今月だけでなく来月も再来月もその先もずっと継続していくからです。固定費とは毎月毎月一定の金額が出ていくものを指します。代表的なものに住居費と保険料が挙げられます。人生で1番大きな買い物としては住居費、2番目は、意外だと思いますが保険料です。

もし住宅ローンを組んでいて、その金利が高いとすれば、ローンの組み換えを検討しましょう。賃貸であれば、引っ越しもひとつの手段です。

保険に関しては、自分に合った必要な保障に見直しをするのが大事になります。提案さ

収入・貯蓄・運用の考え方

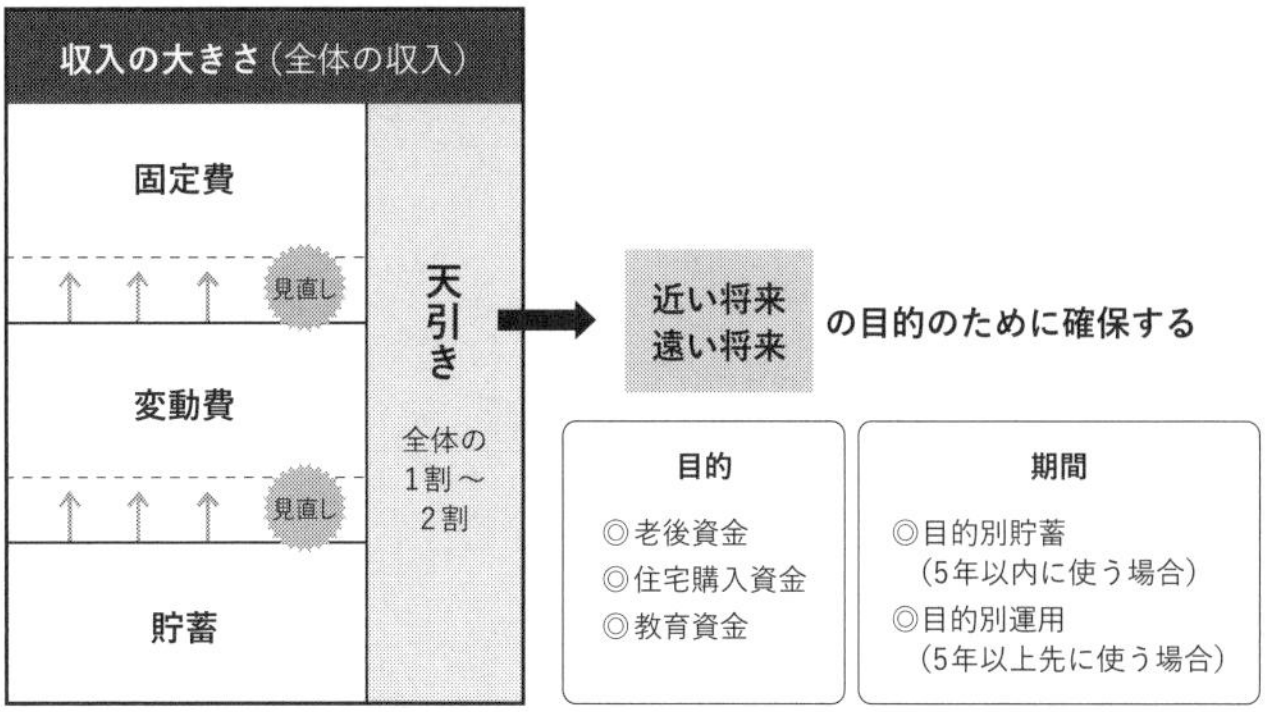

れるまま、不必要な保険に入っているとすれば、それは無駄な支出につながります。

それでは次に変動費の見直しを考えましょう。代表的な変動費は食費が挙げられますが、これらは毎月改善し続けていく必要があります。過度に無理をして節約をするとその反動で翌月に思いっきりお金を使ってしまうケースも多いのです。そのため、無理をしすぎない範囲で、ほどよく節約を続けることが大事です。

3. 残りでやりくりする

次に、支出の優先順位をつけていきま

しょう。

本当に必要なものか（必要性）？　本当に欲しいものか（強い願望）？

それは「消費」なのか「投資」なのか？　「浪費」なのか？

さまざまな観点から分類、整理して優先順位を明確にしていきます。整理した結果、残念ながら断念せざるを得ない支出もあるでしょう。もし、どうしてもあきらめ切れないというのであれば①入るお金（収入）を増やすか、③投資の運用利回りを上げ、期間を長くする、制限枠を広げるといった手段を考えましょう。

③投資の運用利回りを上げ、期間を長くする【価値集積】

運用するとは価値を集積することです。

次に運用についてお話ししていきます。「運用利回り×運用期間」を大きくしていくことを考えましょう。超低金利時代の今、運用利回りを上げるには預貯金だけでは難しいと思われます。とはいえ、売り買いによるトレーディングの世界で増やすのではなく、本質的価値の蓄積の世界で積み上げることが重要です。

株式への投資は企業の利益の蓄積が本質であり、債券への投資は金利収入の蓄積が本質です。REIT（不動産投資信託）への投資は家賃収入の蓄積が本質になります。このように投資の本質は価値を集積していくことなのです。

運用期間を長くするには、先送りせずに**今すぐ始める。**これが重要になるのです。

お金の置き場所はどうしたらいい？

次にお金の置き場所について考えてみましょう。「そのお金をいつ使うのか」によって分類をしていきます。

①3カ月以内に使うお金、②5年以内に使うお金、③5年以上先（できれば10年以上先）に使うお金、に分けてそれぞれ置き場所を変えていきます。

①3カ月以内に使うお金　出し入れのしやすさを優先し普通預金などに置いておきます。

②5年以内に使うお金　使うときに元本が確保されているように定期預金などに置いておきます。

③5年以上先（できれば10年以上先）に使うお金　運用可能資金といえます。例えば投資信託などで置き場所を変えて時間を過ごすことが重要です。

このように、お金の置き場所を区分けしていくと、優先順位がつけやすくなります。下の図も参考にしながら、できるところからやってみてください。

お金の置き場所

いつ使うか	どこに置くか
3カ月以内に使うお金	**普通預金**
5年以内に使うお金	**定期預金**
5年以上先に使うお金	**運用可能資金（投資信託など）**
10年以上先に使うお金	

72の法則で、金利を味方につけよう

金利の話をするうえで、有名な法則があります。「72の法則」という法則をご存じでしょうか？　これは72を金利で割ると元金が倍になるおおよその年数がわかるという法則です。例えば100万円を10年後2倍にするには7・2％の金利が必要ということになります。それでは金利の違いをもう少し知っていきましょう。次の表をご覧ください。

「72の法則」にあてはめると、3％の金利を味方につけたなら72÷3＝24年で倍になります。6％でしたら12年で倍になり、24年で400万円になりますね。9％で運用すると8年で倍になり、16年後には400万円、24年後には800万円になります。

この通り、金利によって24年の間に100万円が200万円に増える人もいれば、10

「72の法則」とは?

72÷金利＝資産が2倍になる年数

例えば…金利7.2%の場合

72÷7.2＝**10**

▼

100万円が「**10年後**」200万円になる

金利	100万円が200万円に増える年数
9%	8年後
6%	12年後
3%	24年後
0.002%	3万6000年後

0万円が800万円になるなど大幅に増える人もいます。そして長く運用すればするほど、その差が大きく広がっていきます。

それでは、今の金利で銀行に預けたら何年で倍になるのでしょう。現在、大手都市銀行の定期預金の金利は0・002%（2021年2月現在）です。72÷0・002＝3万6000年かかってしまう計算になります。天文学的な数字ですね。でも、これが現実なのです。

ですが、心配しなくても大丈夫です。時間と金利を味方につけてお金に働いてもらう方法があるのですから。

単利と複利の違いを知ろう

ここで単利と複利の違いについて説明します。

複利は雪だるまをイメージしてもらうとわかりやすいです。雪だるまは、ゴロゴロと転がってだんだん大きくなりますよね。このイメージが複利です。お金を預けると、金利がつき元本と利息になります。翌年はこの元本と利息が元本となり、そこに金利がつくのです。さらに翌年はこの元本と利息にさらに金利がついて……という仕組みです。

これに対して単利があります。お金を預けると金利がついて元本と利息となります。ここで単利はその利息を毎回受け取っていくというやり方です。毎回受け取れる喜びはありますが、複利のように加速することはありません。

複利とは

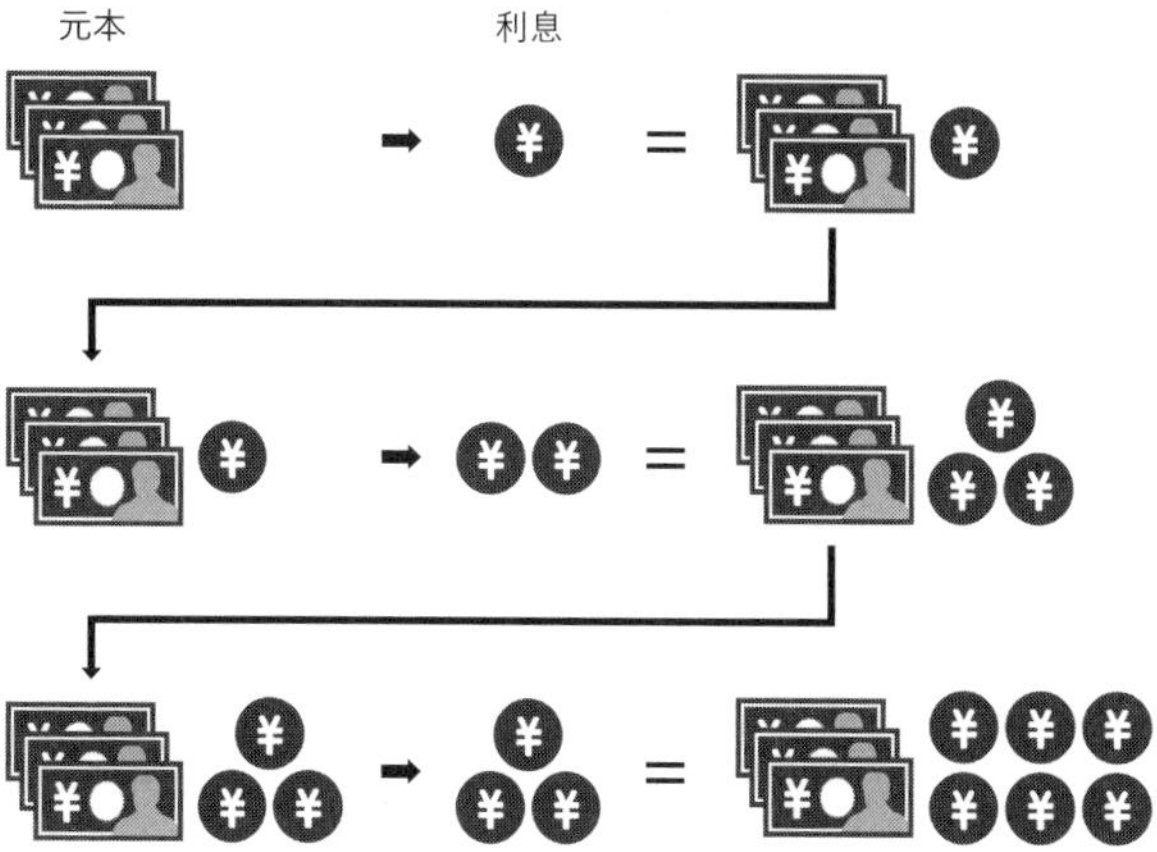

単利とは

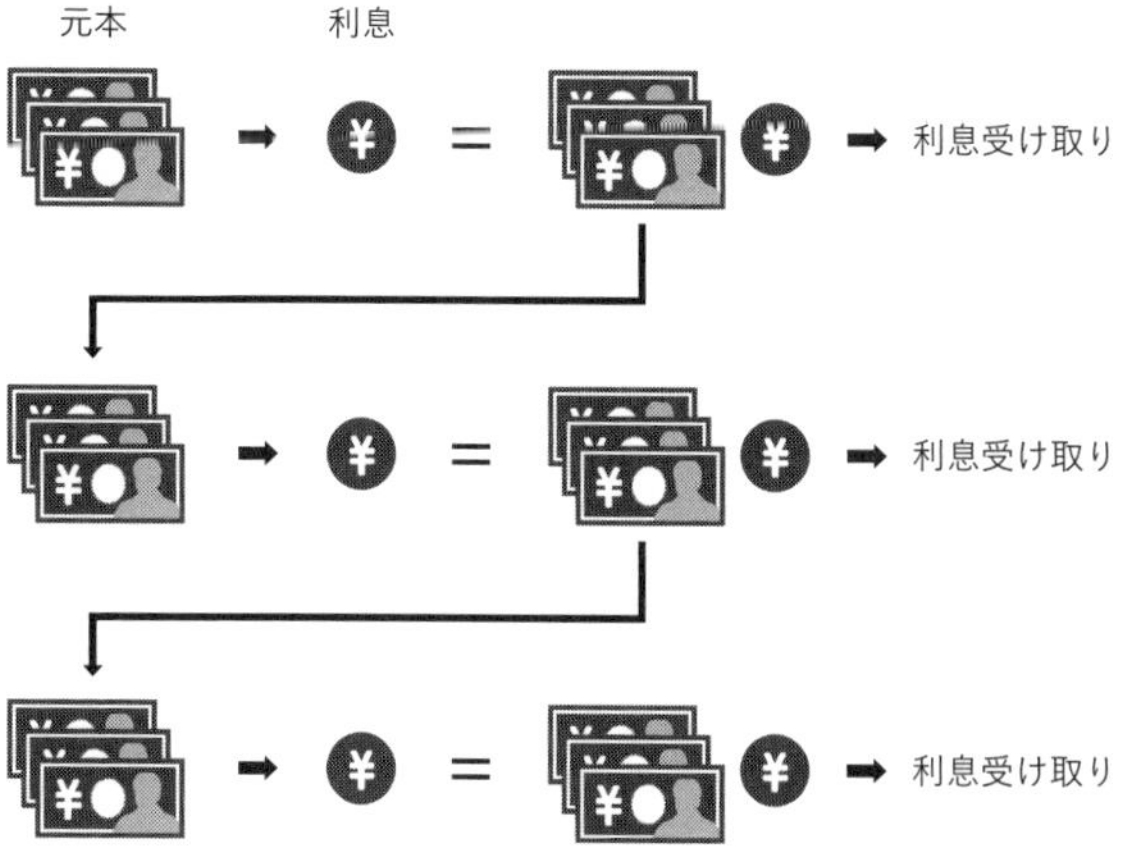

ここで単利と複利のどちらが良いかを考えていきます。それは目的によって決まりますが、もし増やすのであれば複利がいいですし、受け取りたいのであれば単利がおすすめです。

現役時代は働いて収入があるので、この間は複利で利息を受け取らずに再投資し加速させていくのがいいといえます。詳しくは、後ほどお話しします。

一方で引退後は、年金収入だけでは生活費に届かないのでこの場合は利子配当を受け取り、生活費の足しにしていくのがおすすめです。よって、**一般的にいえば、現役時代は複利、引退後は単利がニーズに合っているでしょう。**

金利を味方につけると積み立てが楽になる

ここでは積み立てにおいても金利の力を活用していくことを考えてみましょう。老後のためにお金をしっかりと貯めないといけないことはご承知の通りです。では、例えば60歳のときに、今の貯蓄とは別にさらに上乗せで１０００万円貯めるとした場合はどうでしょうか。

72ページの右側の図は０・００２％の金利で60歳までに１０００万円貯めるために毎月いくら積み立てが必要なのかを示しています。30歳からスタートする場合、毎月約２・８万円、40歳なら毎月約４・２万円、50歳なら毎月約８・３万円の積み立てが必要になります。

ちょうど坂道を登っていくイメージに近いですね。早く登り始めたほうが負荷をあまり感じずに登れます。一気に駆け上がる場合は、重い負荷の中登っていくことになります。

こうして見ると、早くスタートを切るほうが有利です。ただし、今の自分の年齢は変えられませんので今が最善のときです。

では、今から始める場合、もっと負荷を下げる方法はないのでしょうか？

実は、それが**金利を味方につけることです。**例えば、原動力のついたものなど、もう少し違う乗り物を活用した場合を考えてみましょう。

1,000万円を目標にした毎月の積立額（1）

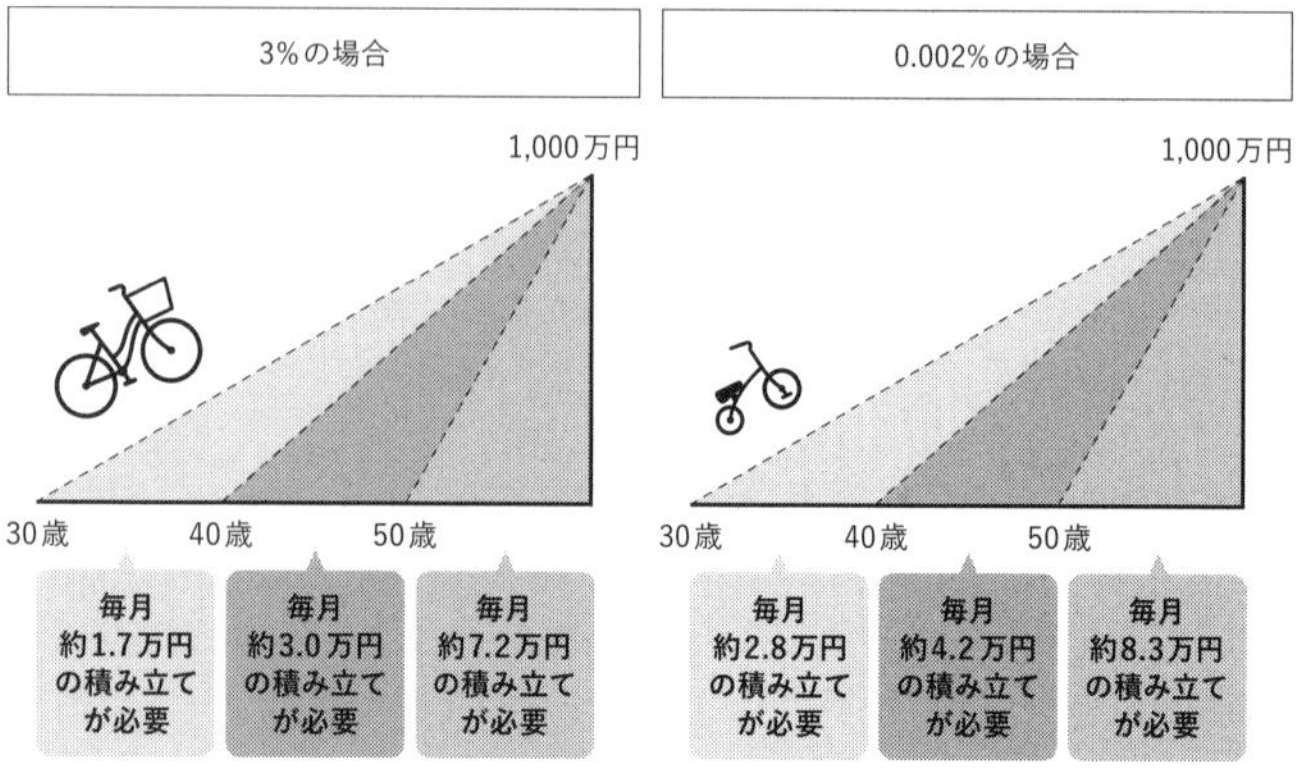

3％の金利を味方につけた場合を見てみましょう。毎月、いくら積み立てが必要なのか？　30歳からスタートする場合毎月約1・7万円、40歳なら毎月約3・0万円、50歳なら毎月約7・2万円の積み立てが必要になります。

5％の金利を味方につけた場合を見てみましょう。30歳からスタートする場合毎月約1・2万円、40歳なら毎月約2・4万円、50歳なら毎月約6・4万円の積み立てが必要になります。

それでは、7％の金利を味方につけた場

1,000万円を目標にした毎月の積立額(2)

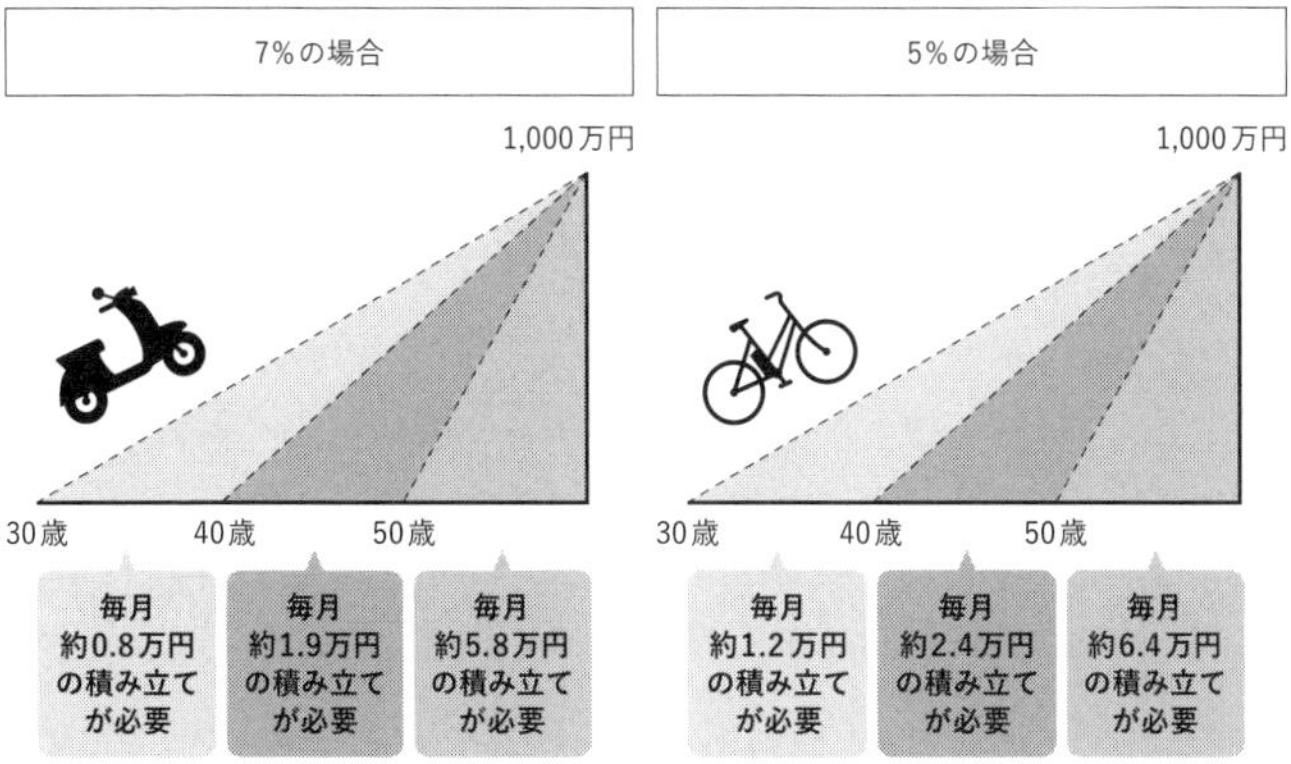

合を確認します。30歳からスタートする場合毎月約0・8万円、40歳なら毎月約1・9万円、50歳なら毎月約5・8万円の積み立てが必要になります。

ここで40歳の人が毎月1・9万円の積み立てをした場合、20年で1000万円になったわけです。さらに詳しく見ていきましょう。

実際に投入した金額は、月1・9万円×12カ月×20年＝元金約460万円です。元金約460万円で1000万円が準備できたことになります。

また、運用せずに貯金ですべて貯める場

合を見てみましょう。例えば40歳の人でしたら、０・００２％の金利だと月約４・２万円の積み立てペースが必要ですが、これと同じペースの月約４・２万円の積み立てを７％複利で運用した場合、20年後の60歳のときには約２２００万円が準備できていることになります。

このように見ていきますと、**すべてを貯金だけで考えるのではなくて、一部は貯金で、一部は運用しながら貯めていくというハイブリッド型が正しいといえます。**

インフレの影響も知っておこう

資産形成をするうえで、さらに考えておかないといけない重要な要素があります。それはインフレの影響です。例えば、１００万円の現金があるとします。このお金を家の金庫に置きます。一方で車が仮に１００万円だったとします。もし仮にインフレが２％

インフレの影響

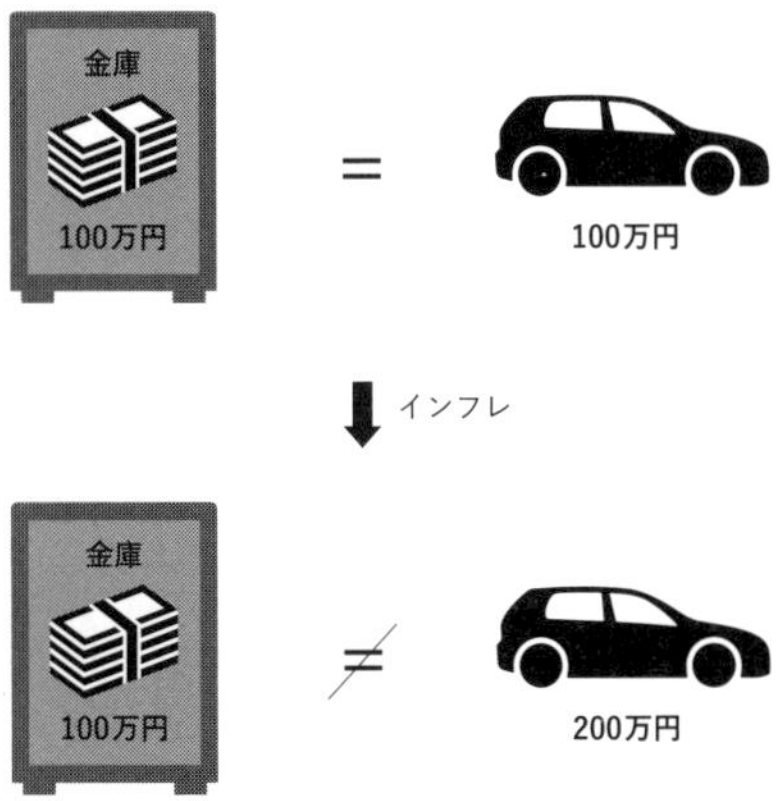

進む時代だとすれば、１年後に車は１０２万円に値上がります。２％のインフレがさらに続くと車は大きく値上がりをしていきます。長い年月がたち、いつしか車は２００万円に値上がりをしているとします。そのとき、金庫から出した１００万円で車を買えるでしょうか？

もちろんですが、車を買うことはできません。なぜなら手元にあるのは１００万円で、車は２００万円だからです。お札の枚数は変わりませんが、価値は着実に減っている。これがインフレの正体です。

このように長期的な資産形成には、インフレ対応が欠かせません。もし、インフレ率が2％進むのであれば、運用も2％毎年増えなければ、価値を守れたとはいえません。インフレ率と運用率、この相対的関係が非常に重要です。銀行預金金利が0・002％、インフレ率が2％ならばお金は相対的に目減りしている状態です。**資産運用は、単に増やすだけが目的ではなく、お金の価値を守る意味においても非常に重要なのです。**

また、今後10年、15年と考えた場合、日本の財政問題に向き合わざるを得ない日がやってくるでしょう。そのとき、単なるインフレを超えてハイパーインフレ的側面も頭の片隅に置いておく必要があるかもしれません。この場合は、単に増やすためではなく、お金の価値を守るという守りの側面からも運用を考えるほうがいいでしょう。

ではインフレ対応する資産形成をするには何を組み込むべきなのでしょうか？　その答えは、株式やＲＥＩＴなどを組み込むことです。次章で詳しく説明していきます。

第3章

ほったらかし投資を構成する金融商品について学ぼう

金融商品の素材って何？

先ほどインフレに対応する資産形成をするには、株式やREITなどを組み込むことをお伝えしました。金融商品といってもさまざまな種類があり、複雑でわかりづらいので、全体をお話ししたあと、細部について整理しながら説明していきます。

まず**①預貯金、②債券、③株式**の3つが基本です。いわゆる**伝統的資産**ともいわれます。

金融とはお金を融通する役割であり、お金が余っている人（家計）から不足している人（企業）にお金を流していく作業です。

例えば、お金が余っている家計からすれば、

①銀行に預金で預けておく

②国債、社債など債券を買う
③株式を買う
という選択肢になります。

お金が不足している人（企業）が資金調達をするためには大きく2つの方法があります。

会社の資金調達の方法には、

- **借りて資金調達する（①銀行融資を受ける、②社債を発行し資金調達する）**
- **出資を受けて資金調達する（③株式を発行し出資を受ける）**

という2つの方法があります。

この①②③がそれぞれ連動しています。そして伝統的資産以外にREITや商品（金など）もあります。

それぞれの金融商品は各国にありますので、ドル建て、ユーロ建てなど多岐《たき》にわたります。

ここで、外貨建《がいかだ》ては怖いと思う人もいるかもしれません。日本人から見れば、ドル預金は円預金よりも金利が高いけど、円に戻すときに為替《かわせ》が変動する可能性があるため、ハイリスクだと考えられています。ただ、アメリカ人から見ればドル預金は為替の変動もなく、極めて安定的な預金なのです。逆に日本円での預金はドル預金よりも低金利、かつ為替リスクもあるので、魅力の少ないものとして考えられています。

結局、為替リスクにおいてはどちら側を基準にするかという問題です。**為替リスクはお互い様**なのですね。

投資の基礎知識を知ろう①
債券

債券について簡単にご説明しましょう。

債券は、企業がお金を「借りて」資金調達をする方法です。「借りて資金を調達する」方法として、社債（債券）を発行します。会社からすると「借りる」ことですから、業績にかかわらず約束の期限が来たら返さなければなりません。約束の期限を**満期**といいます。企業側は決められた**利子**も払わなければいけません。

例えば、利率2％、5年満期の債券を100万円で発行するとします。毎年2万円分の利子が発生し、5年間で利子と元金合わせて、合計110万円払わなければなりません。毎年の業績にかかわらず、返さなければいけないわけですから、**企業からすればリスクの高い調達方法**ともいえます。

反対に債券を買う側からすれば、会社が倒産でもしない限り元本の100万円と利息分10万円（2万円×5年）が上乗せされた110万円が戻ってくるわけですから、安定した投資先になります。

「これなら銀行の定期預金と変わらないのでは？」と思われる方もいるでしょう。

ただ、債券の場合は、定期預金と違って流通する市場があります。定期預金は売り買いできませんし、預けたら満期が来るまでそのまま持ち続けるか途中解約するかですが、債券の場合は証券会社を通じて売買が可能です。そのため、定期預金はインカムゲインしか得られませんが、債券はキャピタルゲインが得られる場合もあります。そこが大きな違い

債券の本質

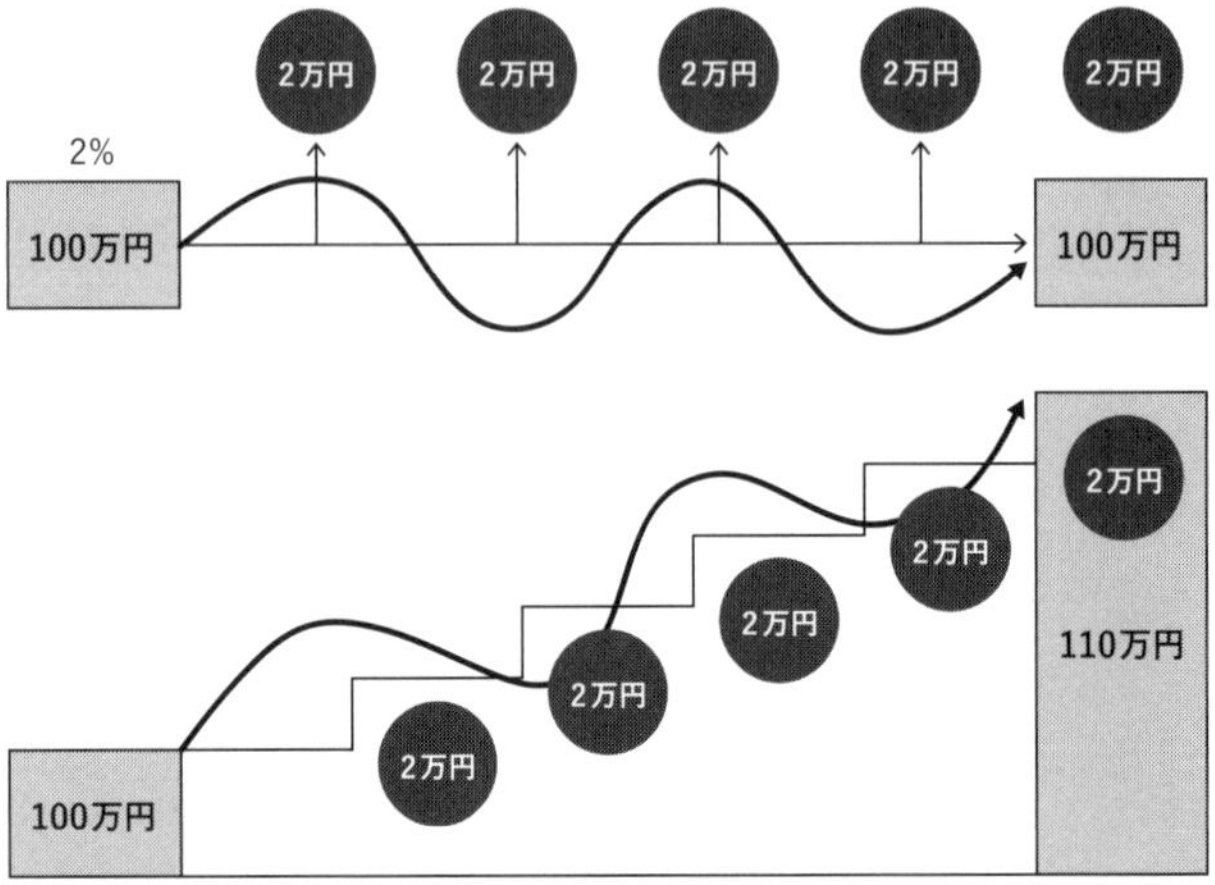

でもあります。

債券の価格ですが、図の上段をご覧ください。債券は100万円で発行されています。波打つように債券価格は上下変動します。一般的には、金利が上がると債券価格は下がり、金利が下がると債券価格は上がるという逆方向の動きをします。市場の金利に応じて、債券の価格が上下していくとお考えください。

では、損することもあるのではと心配される方がいると思いますが、**債券の場合は発行時に額面100万円で始まったら、満期時に目減りすることな**

く、**額面100万円で返ってくると決まっています。** 先ほども述べましたが、債券は国や企業などの借金であり、返済義務があるからです。

債券の本質

図の下段部分が**債券の本質**です。債券価格は、金利情勢にあわせて図の上段部分の波打っている線のように変動しますが、毎年2万円分の利息は着実に積み上がり、満期には額面100万円はそのまま額面100万円として返ってきます。100万円が5年間の利息合計10万円（2万円×5年＝10万円ですね）と合わせて110万円として戻るわけですから、手堅い投資先になります。**債券投資の本質は「金利の蓄積」**といえますね。

なお、この満期の期間や金利については、発行する会社の事情によって異なります。

その他に、国が発行する債券として国債があります。

万が一、社債（債券）を発行した会社が倒産しても、会社整理の段階で、お金を借りた人（債権者）から優先的に返金しますので、投資したお金が1円も戻ってこない……ということはめったにありません。仮に元本すべては難しくとも、財務状況によりますが少しは戻ってくるケースが多いのです。もちろん何事もなければ、元本は戻ってきますから、株よりは怖くないといえます。

投資の基礎知識を知ろう②
株式投資

そもそも、株式とは何でしょうか。

会社の資金調達の方法には、

・**借りて資金調達する**（①銀行融資を受ける、②社債を発行し資金調達する）

・**出資を受けて資金調達する**（③株式を発行し出資を受ける）

株式の発行市場

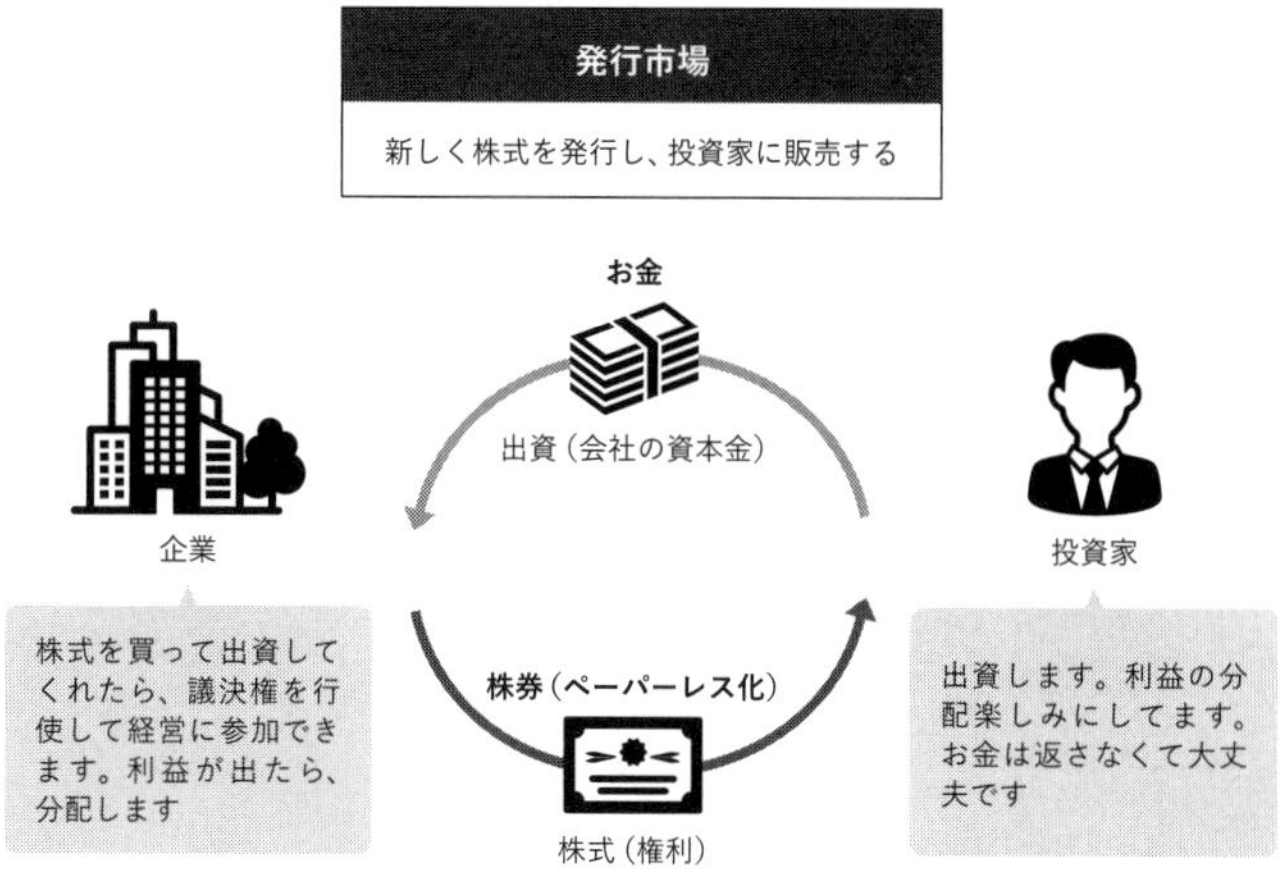
発行市場
新しく株式を発行し、投資家に販売する
お金
出資（会社の資本金）
企業
投資家
株式を買って出資してくれたら、議決権を行使して経営に参加できます。利益が出たら、分配します
株券（ペーパーレス化）
株式（権利）
出資します。利益の分配楽しみにしてます。お金は返さなくて大丈夫です

と2つの方法があるとお話ししました。

株式とは、会社が資金調達するために発行するものをいいます。そして、その株式を持っている人を**株主**と呼びます。では、図を見ながら解説していきましょう。

会社側から見れば出資金（株式）は債券のような**返済義務がありません**。そのお金を活用して継続して事業ができますので、**会社側にとってはありがたい調達方法**といえます。

会社側は資金調達するとき、株を発行して投資家からお金を受け取ります。そして**株券**（現在はペーパーレス化）を投資家に発行します。投資家はそのリターンとして、**配当金や値上がり益**を得るのです。

株主の権利は3つあります。

ひとつ目は**利益配当請求権**といって、配当金などの利益分配を受け取る権利、2つ目は**議決権**といって、会社の経営方針などについて株主総会で意見を述べたり、議決に参加できる権利です。そして3つ目は**残余財産分配請求権**といって、もし会社が解散する場合は、株式数に応じて残った財産が分配される権利です。

次に流通市場、つまり、マーケットを見てみましょう。投資家は株を売りたいとき、会社に直接買ってもらうことはできません。**投資家は株式の流通市場を通じて、売りたい人と買いたい人が売買取引**をします。そこで、ついた価格が株価になります。高くてもいいから買いたい投資家がたくさんいれば、株価は値上がりする傾向がありますし、その逆もあります。一般的には証券会社を通じて売買の発注を行います。株式の流通市場を通して、投資家同士で株を売買するので、会社側からすればお金は一切返す必要がないのが特徴です。

株式の本質

株式の本質についても少しだけお話ししましょう。

会社は毎年利益を出していって、その利益が蓄積されていきます。**株式投資の本質は「利益の蓄積」**なのです。詳しく89ページの図で説明していきましょう。

第1期では、100万円の資本金を使って結果として利益が20万円出たことを表しています。参考までに、100万円の純資産を使っての20万円の利益は20%の利益率となります。

この場合、

自己資本（純資産）利益率（ROE）＝

当期純利益（20万円）÷自己資本（純資産）（100万円）×100［%］＝20%

となります。

この**利益**は誰のものでしょうか？　利益は社長のものでも、従業員でも、債権者でもなく、会社の所有者である**株主のもの**です。株主のひとつの喜びですね。

そして利益20万円を、**内部留保（社内に蓄積する分）**と**配当（その期に分配する分）**に10万円ずつ割り当てました。配当はその期に直接もらえます。それをインカムゲインといいます（利益配当請求権）。内部留保は会社に蓄えて、翌期以降の事業活動に活かしていきます。継続して蓄えた「資本金＋留保（剰余）金＝純資産」も株主のものであり、この蓄積に応じて本質的価値は積み上がります。そしてこの利益の蓄積が値上がりにつながるのです。これをキャピタルゲインといいます（残余財産分配請求権）。

すなわち、**「利益」は株主のものであり、２つの恩恵があるのです。ひとつは「配当」として利益の一部をその期にもらえるインカムゲイン、２つ目は「留保金」として利益の一部を蓄積し、毎期積み上がっていく「純資産の大きさ」、つまりキャピタルゲイン**です。この２つが株主の本質的喜びです。

では次に、**株価**について見ていきましょう。

日々の株価は、本質に沿って理論通りに動いているのでしょうか？　決してそんなことはありません。

株式の本質

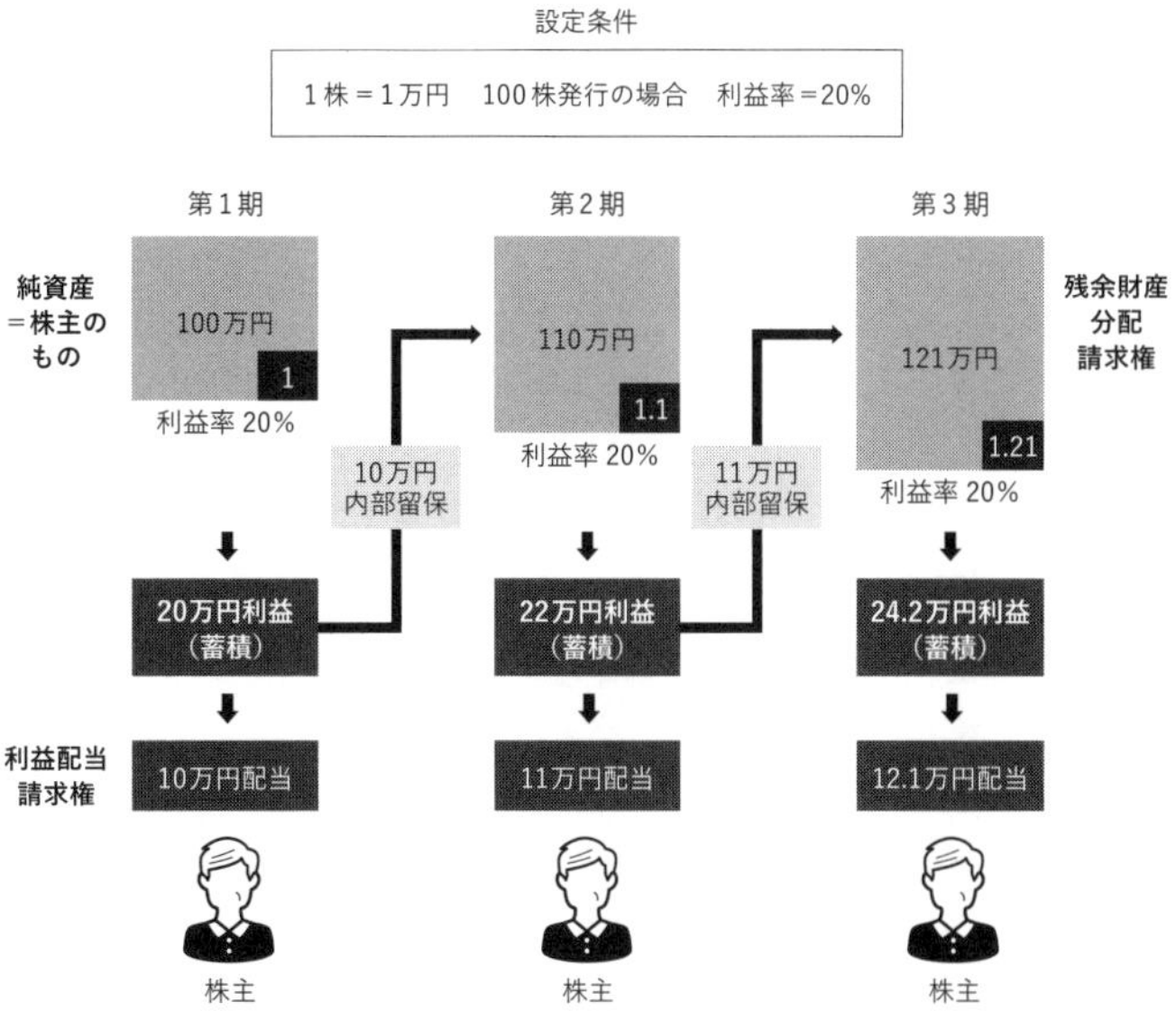
設定条件
1株＝1万円　100株発行の場合　利益率＝20%
第1期
第2期
第3期
純資産
＝株主の
もの
100万円
1
利益率 20%
10万円
内部留保
110万円
1.1
利益率 20%
11万円
内部留保
121万円
1.21
利益率 20%
残余財産
分配
請求権
20万円利益
（蓄積）
22万円利益
（蓄積）
24.2万円利益
（蓄積）
利益配当
請求権
10万円配当
11万円配当
12.1万円配当
株主
株主
株主

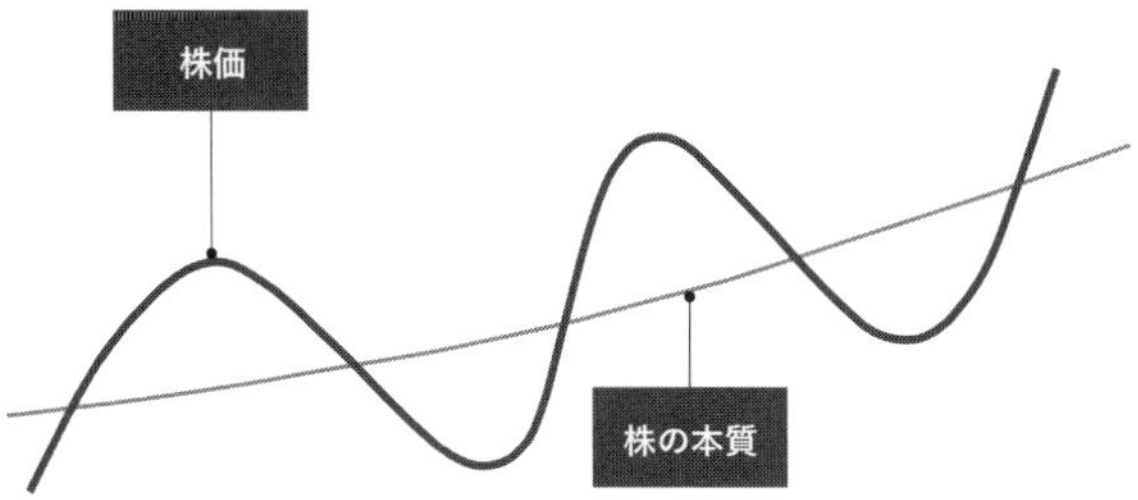
株価
株の本質

仮に本質として、1株あたりの純資産が「1・1」の価値があるとします。ただ、高くてもいいから買いたい人が次々にあらわれて、株価が「5」まで上がりました。株式市場では一時期、理論的にどうみてもおかしい水準まで割高に上がる現象が起きます。バブルともいわれますね。ただ、もし株式市場が正しく機能しているとすれば、本質と比べて、あまりにも高いことに気づき、売りたい人が増えていきます。

逆に本質（1株あたり純資産）が「1・1」なのに売り込まれて、例えば株価「0・1」まで下がっていったとします。株式市場では、理論的にどうみてもおかしい水準まで不安が先行して売り込まれたりします。暴落といわれます。ただ、もし株式市場が正しく機能しているとすれば、本質と比べてあまりにも安すぎることに気づき、再び買いたい人が増えるのです。

結局、株価は常に上にも下にも変動します。しかし、あまりにも本質からのブレ幅が大きすぎると、修正されるという**株式市場の価格調整機能が働きます。**そして5年、10年と長期的なスパンで本質、**つまり利益が蓄積されている限り、ブレながらも株価は本質に沿って上がっていくといえます。**

投資の基礎知識を知ろう③ REIT

次にREITについて、少しお話ししましょう。REITと聞いて「何のこと?」と思われる方も多いでしょう。

REITとは「Real Estate Investment Trust」の頭文字をとったもので、不動産投資信託といいます。多くの投資家から集めたお金で、オフィスビルやマンション、商業施設、物流施設、データセンター、ホテルなどを購入することで、そこからもたらされる**「家賃(賃貸料)収入」**や**「売買益」で得た利益を投資家に分配するもの**です。次ページの図にまとめましたので、確認してください。

REITの特徴として、次の3点が挙げられます。

①購入、管理などは不動産のプロが行う
②複数の不動産への投資なので、リスクが分散されている
③取引所に上場しているため、株式のように売買できる

ＲＥＩＴの**本質**は、継続的に入ってくる**「家賃（賃貸料）収入の蓄積」である**といえるでしょう。投資信託としてＲＥＩＴを組み入れる場合は、上場している「上場不動産投資信託」をいくつかまとめて組み入れて運用されます。

REITの仕組み

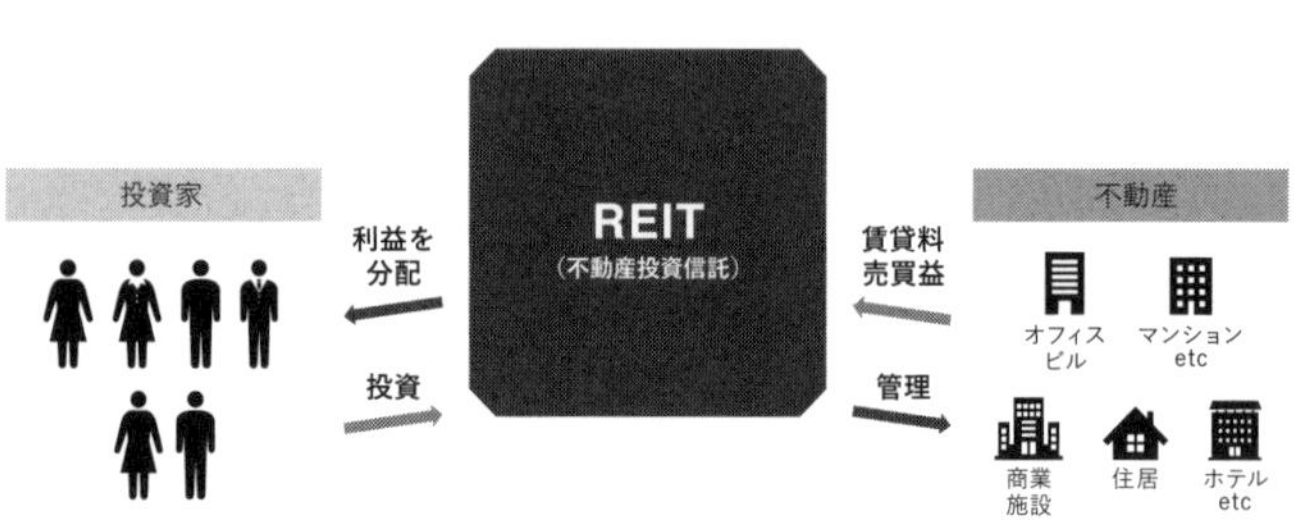

投資の基礎知識を知ろう④
金

「金」の特徴のひとつは「有事に強い」ことです。不況時や紛争、テロなどにより地政学的リスクが高まったとき、金価格は値上がりする傾向があります。よって分散の一部として組み込むのは検討の余地ありです。

金には一定の価値があるため、金価格には、底値目途と上値目途があり、社会状況によって上がったり下がったりしていると考えられます。

ただし、金は「金利」、「利益」、「家賃」も生み出しません。金庫に入れた「金の延べ棒」は10年後に開けても決して2本には増えません。1本のままです。

すなわち**金は本質的成長・蓄積はせず、一定の範囲で価格が変動する金融商品**であるといえます。

投資の基礎知識を知ろう⑤

FX

FX（外国為替証拠金取引）とは、外国為替取引を「証拠金」で行う取引です。「証拠金」は、取引を行う際に相手方に預ける「担保金」のようなものです。FXは、将来必ず決済（反対売買）することが約束された「差金決済」という決済方法を採用した取引です。そのため、総取引額の現金（キャッシュ）の受け渡しは必要とされず、売買の損益の受け渡しのみで取引が完結します。

例えば、1ドル＝100円のときに1万円を両替すると、100ドルになります。その100ドルを、1ドル＝110円のときに両替すると1万1000円になります。このとき、差益が1000円になりますね。

逆にいうと1ドル＝100円のときに1万円を両替すると100ドルになり、1ドル＝

90円のときにそれを円に両替すると９０００円になり、１０００円損をしてしまいます。

このように、ＦＸは為替レートの変動を利用した投資です。もっと詳しくいうと、ＦＸは「証拠金」を用いて実際の取引金額以上の金額を動かすことができます。

例えば、１ドル＝１００円のときに1万ドルの取引をするとしましょう。本来であれば１００円×１万ドル＝１００万円がなければ1万ドルを手に入れることはできません。しかし、ＦＸは先述の通り、「差金決済」を採用した証拠金取引ですので、総取引額（１００万円）の数パーセントの「証拠金」を預け入れるだけで、１万ドル分の取引を行うことができるのです。

もし、５万円の損失が発生すれば、預けている「証拠金」から差し引かれます。逆に５万円の利益が出た場合は預けている「証拠金」に加算されます。

「証拠金」で取引ができるＦＸは、資金効率が良いため、レバレッジの効いた取引であると表現されることがあります。よく耳にする「レバレッジ〇倍」というのは、「証拠金に対して総取引額が何倍か」を指しています。注意すべきは、**投じた金額の何倍もの利益が期待できる代わりに、何倍もの損失が出ることもある**ことです。

最近では「家事の合間にパソコン見ながら毎日いくら儲けました」「毎日が給料日」のような主婦が書いた特集記事を目にするようになりましたが、そう簡単に素人が儲けられるとは思いません。多少儲かっても、その次の日には一瞬で損をしてしまうのもこの手の投資です。預貯金、株、債券、投資信託もその本質は増えるものですが、ＦＸは違います。通貨間の為替の差金取引ですので**ＦＸには〝蓄積〟はありません。**長期的蓄積ではなく、そのときの通貨間の情勢により為替レートが変動するのです。私としてはみなさんの資産形成のための味方にはならないので、おすすめしていません。

運用のやり方について考えてみよう

それでは、運用のやり方について考えてみましょう。金融商品の素材として預貯金・債券・株式など伝統的資産があり、その他商品としてＲＥＩＴや商品（金など）がありました。

運用のやり方には2つの方法があります。

①自分で研究をして良さそうなものを組み込む
②プロに分析してもらってそれらを組み込む

銘柄の選び方にも2つの方法があります。

①良さそうなものに集中的に投資をする
②良さそうなものを組み合わせて分散させる

「運用のやり方」と「銘柄の選び方」でそれぞれ4つの事象に分類されます。

まず、縦軸を集中投資と分散投資、横軸を自分がやるかプロがやるかに分けます。中の矢印は金融資産の増減を表しています。集中投資の場合、結果は上がるか下がるかのどち

「運用のやり方」と「銘柄の選び方」

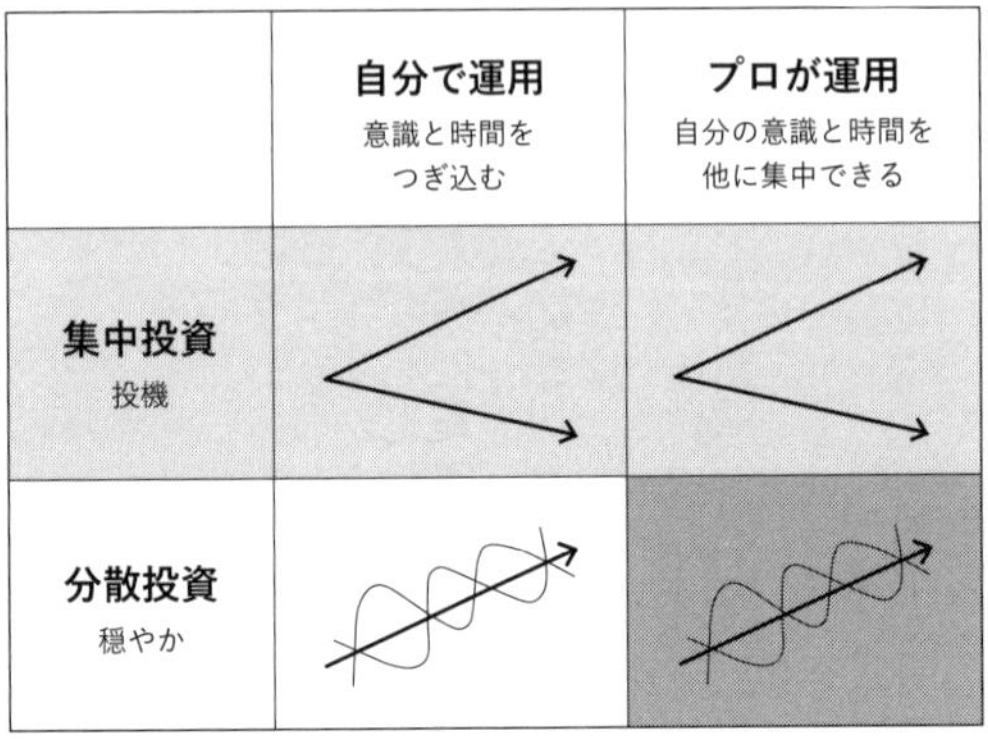

らかになるので、投資よりもギャンブルの性質のほうが近いでしょう。一方で分散投資すると、ひとつの金融資産が下がったときでも他の金融資産は値上がりすることがあります。そのため、リスクを打ち消し合って穏やかな値動きになる傾向があるのです。

あとは、自分でやるかプロにやってもらうかになります。自分でやる場合には相場について勉強したり、会社の業績などを分析しなければならないので、それに時間と労力をつぎ込まなくてはなりません。これをプロにやってもらうことで自分の時間を他のことに使うことができます。

あなたはどちらが自分に合っていると思いますか？

私の**おすすめはプロに分散してもらう**ことです。この領域が資産形成を具体的にしていくうえで入りやすく、リスク管理もしやすいと考えています。プロに分散してもらう具体的手段としては、**投資信託がおすすめ**です。

投資信託って何？

投資信託は、株式や債券などをひとまとめにして販売している金融商品です。そして、投資信託はプロが運用します。自分で運用しようとすると、四季報をくまなくチェックしたり、毎日値動きを気にしたり、企業研究などしなければなりませんが、投資信託はその必要がありません。

投資信託とは

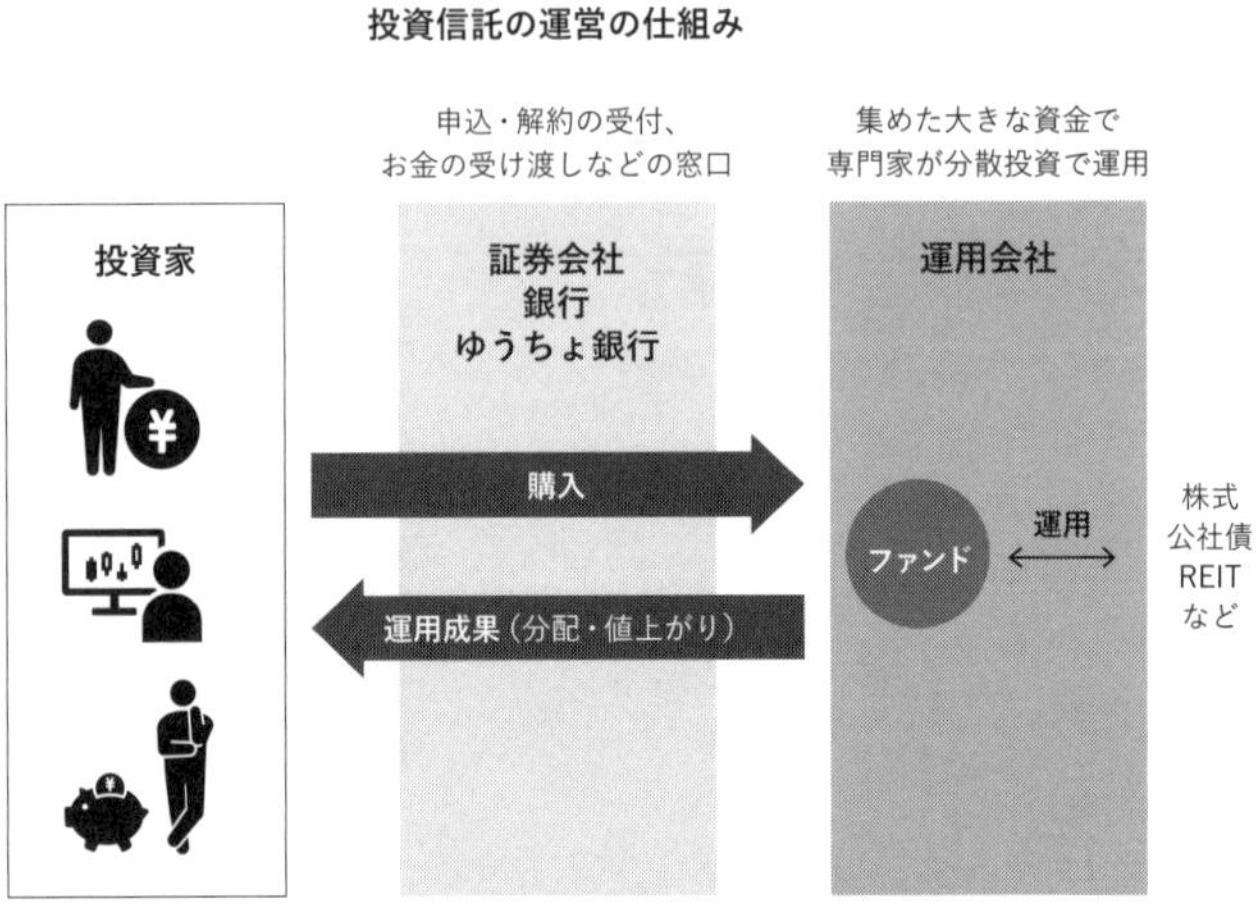

投資信託の仕組みを上に図式化しました。こちらを見ながら、ご説明しましょう。

運用会社が多数の投資家から集めた資金をひとまとめにして、運用します。

購入の窓口は証券会社が一般的でしたが、最近では銀行や信用金庫、郵便局（ゆうちょ銀行）などでも取り扱われています。**この証券会社や銀行は単に窓口ですので、運用するわけではありません。**お金はこの窓口を通じて運用会社に集まり、運用会社が資金を運用することになります。ちょっとややこしいかもしれません。まとめると、運用会社と直接取引するのでなく、銀行や信金、郵便局（ゆうちょ銀行）などみなさんになじみのあるところが窓口になっていて、そこで投資信託が買えるのです。

さて、こうして窓口を通じてみなさんからの多額の資金が、運用会社に集まってきます。その額は何千億という金額です。**運用会社にはさまざまな専門家がいて、プロとして各役割を発揮してくことで全体が組織として機能します。**

例えば、運用会社にはファンドの管理をする「ファンドマネジャー」がいます。彼らは「この株は入れましょう、この株は外しましょう」という具合に意思決定をしていきます。また、ファンドマネジャーが意思決定をするのに、必要かつ重要なのが情報です。

経済を分析し、この先の景気動向・金利動向・為替動向・物価動向などマクロ経済を分析予測し情報提供するのが「エコノミスト」といわれる人です。また、企業の長期的業績予測を出し、逆算して理論価格を計算し、市場価格と比べて割高・割安など企業価値を分析し、情報提供する人を「アナリスト」といいます。

またファンドの効果性などを専門に分析している人を「ファンドアナリスト」といいま

す。こうした専門家が運用会社には在籍しているのです。プロのチームによって、みなさんから集めたお金の投資先は意思決定されているのです。

もし自分で運用するとしたら、運用会社がやっている機能・役割・仕組みを自分でつくり出す必要があります。世界中のマーケットを分析、意思決定をし、実行後は本当に正しかったかを振り返り、フィードバックしながら改善する。このサイクルを続けていくことになります。これを楽しいと思える人もいるかもしれませんが、全く知識がない人にとって楽しい作業とはいえませんよね。もし、楽しいと思える人であったとしても、さらにやりたいことがあるとすれば、そちらを優先して取り組んだほうが人生全体にとってはいいのではないでしょうか。

運用はプロに任せて、その分自分のやりたいことや仕事にその時間をあてましょう。

投資信託は、このファンドは株式への投資、このファンドは債券への投資など、ファンドごとに投資方針が決まっています。そして方針に基づき、さまざまな企業の株を束で組み合わせたり、債券を束で組み合わせたりして運用しています。フルーツの盛り合わせをイメージしていただけるとわかりやすいでしょうか。ひとつの盛り合わせ（投資信託）を購入するだけで何種類ものフルーツ（株や債券）を購入したことになる、というのが投資信託の特徴です。

組み合わせた株、債券、REITなどの投資対象が蓄積され、価値が上がっていくこと。そしてその結果、資産を増やしていくことが投資信託の本質です。具体的にいうと、「株式の利益」、「債券の金利」、「REITの家賃（賃貸料）」がそれぞれ蓄積されていくわけです。

そしてその運用の成果として得られた収益が、証券会社を通じて投資家に**分配金や値上がり（基準価額の上昇）**として還元される、というのがこの投資信託の仕組みになります。

ここでみなさんに知っておいてほしいのが、**投資信託のメリットのひとつは少額でも始められることです。**毎月1万ずつ積み立てることもできますし、お試しで10万円くらい購入してちょっと様子を見ることも可能です。

一方で、投資信託は信託報酬がかかります。信託報酬や手数料を払わずに済むから、自分でやりたい方もいるようですが、相場に集中して失う時間を、信託報酬を払ってプロに運用してもらう。そう考えれば、信託報酬や手数料も無駄ではないでしょう。

リスクとリターンの関係について知っておこう

次にリスクとリターンについてお話しします。投資や運用においてリスクとリターンは切っても切り離せない関係にあります。とはいえ、不安になる必要はありません。これから内容を理解すれば、しっかりと運用できるようになりますから。次ページの図を活用して説明しましょう。

この図は縦軸にリターン、横軸をリスクとしました。左下から右上に向かってリターンとリスクが高くなっています。これで見ると国民の多くが活用している預金が一番左下の

リスクをコントロールする

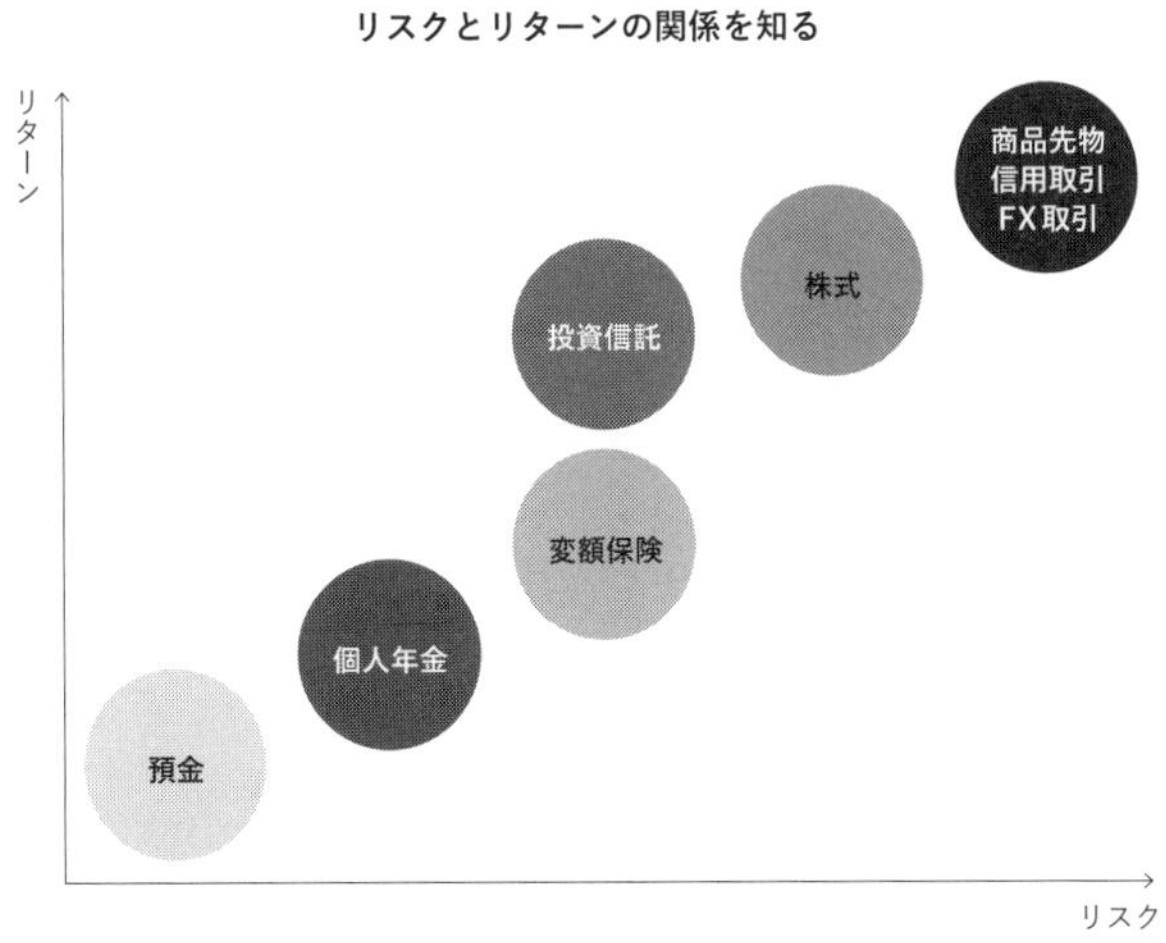

ローリスク・ローリターンになります。リスクはほぼゼロに近いのですが、リターンもほぼゼロに近いですね。定期預金の金利が0・002%ですから、超ローリターンといってもいいでしょう。そして、これからの隠れたリスクはインフレによって価値が相対的に目減りすることを考慮しておく必要があります。

そして一番右上がハイリスク・ハイリターンの商品先物や信用取引、そして先ほどお話ししたFX取引です。あたったときはリターンも大きいが、逆に外したときのリスクも大きいです。

このあたりは投資よりも投機の世界だと私は思っています。

そして、この右肩上がり線のちょうど真ん中あたりに位置するのが、投資信託やそれを組み込んだ変額保険といえます。ミドルリスク・ミドルリターンです。投資信託か変額保険かを判断するには、保障が必要かどうかがひとつの基準になります。

ここで整理しましょう。**リスクとリターンの関係はコインでいえば、表と裏の関係にあります。**つまり、大きいリターンを得ようとすれば商品のリスクも大きくなりますし、リスクが小さい商品はリターンも当然小さくなります。

中には、右上のハイリスク・ハイリターン商品で大儲けする人もいますが、損もすることもあります。最初はうまくいっていても、結果的に大損をしてしまった人も数多くいます。

さて、この図では私がすすめている投資信託は、ほぼ真ん中、ミドルリスク・ミドルリターンのあたりに位置しています。「リスクはあるんじゃないの？　大丈夫なの？」と思われる人もいるかもしれません。いくら私でも「１００％安心です」とはいい切れません。

投資にリスクはつきものです。しかし、そのリスクは長期的に見ればコントロールできます。

でなければ、「ほったらかし投資」でお金が増えていくはずがありません。ですからここで心配しなくても大丈夫ですよ。

次章以降でなぜリスクをコントロールすることができ、お金も増やせていけるのかをお話しさせていただきます。

第4章

ほったらかし投資を成功させる考え方

投資は、まず目的を決めるところから始めよう

投資をするにあたって、「周りがやっているから」「なんとなくやらないと心配だから始める」ではなく、設定した目標（ゴール）のために投資を行うことが重要だと2章でお話ししました。ここで振り返りをしておきましょう。

ゴールを設定するためには、具体的に自分がしたいことをイメージしましょう。

例えば、老後はどんなふうにしたい、子どもの教育をどうしていきたいか、マイホームを手に入れたいなど、人それぞれイメージがあると思います。まず、そのイメージを明確に考えてみましょう。漠然とした不安や心配がある人は〝考える〟こと自体が大切です、とお話しさせていただいています。常に考えていると、不明なものが徐々に明確になってくるものです。

ファイナンシャルプランニングとは

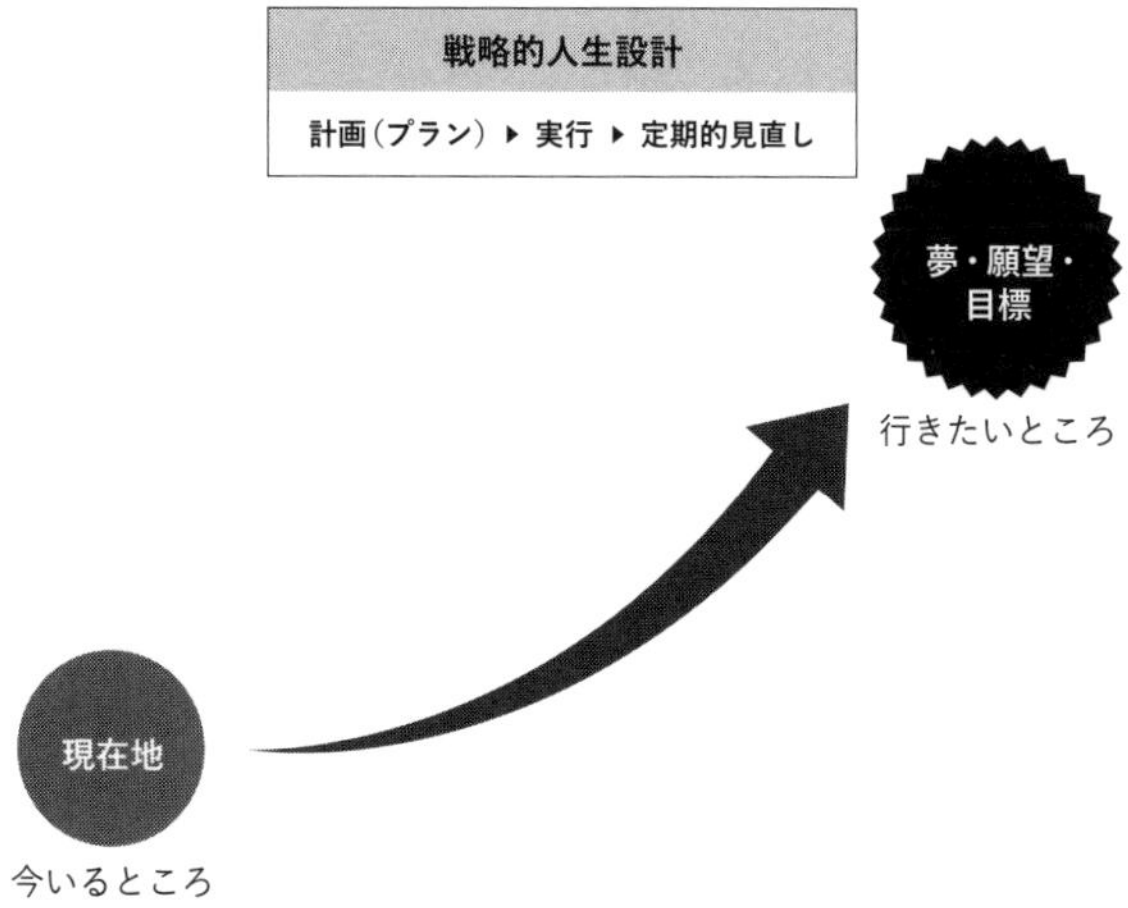

具体的に一つひとつ明確にしていきましょう

一度にすべて明確にすることは難しいので、**一つひとつ進めればいいのです。**私の経験でも初めから完璧なプランはつくれないものです。年齢とともに状況も変わっていきますし、ときには願望も変わります。**実際には今できることを明確にして、実行しながら常にゴールをイメージします。そして、必要な軌道修正をしつつ、徐々に徐々に明確なゴールに向かい、効果的な手段を組み合わせて進んでいきます。**

また、トータルバランスを考えるようにしましょう。現在の資産がこれからどうなるのか、将来の家族構成はどうなっているかを含めて、収支全体を見渡すイメージです。価値観は人それぞれですし、状況によって変化せざるを得ないものでもあります。状況によって不要なもの、必要なものが出てきます。

もし、途中で心配や不安に思うことがあれば家族と相談しながら、課題を明確にしていくこともできます。まず、現状からゴールに至るまでに何をしたらいいか、〝考える〟ことは常に行ってくださいね。

蓄積を増やすために仕組みづくりが必要

では、これから一緒に進むゴールへの道をつくっていきましょう。

まず、効果的な運用としてたどり着いたのが、投資信託を使った仕組みです。そして安心して使えるしっかりした運用会社を選び、過去の実績などを研究し、良好なファンドを選ぶことが重要です。そして、これを使って世界中から付加価値を集積していきます。3章でもご説明しましたが、「株は利益」、「債券は金利」、「REITは家賃」がそれぞれ蓄積されて、利益が得られます。それを仕組みとして取り込みながら、長く続けることで徐々に積み上がります。これが運用の仕組みです。

２章でバスタブの理論のお話をしましたが、労働収入の蛇口がひとつだけではなく、この仕組みが機能することで、投資収入の蛇口がもう１個増えるとイメージしてください。そうすれば、バスタブ、いわゆる家計全体では入りが増えるわけですから、お金も増えることになります。また、預貯金にとどまっているお金にしっかり働いてもらえる仕組みなのです。

運用の仕組み

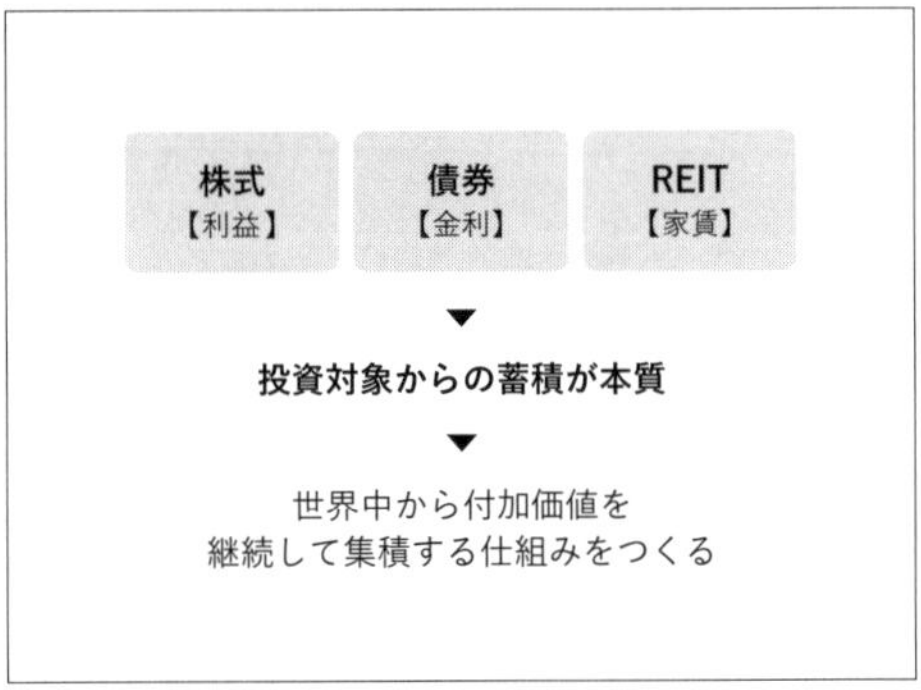

仕組みは、株式・債券・REITの投資信託でつくる

まず、投資信託に組み込むものは株式・債券・REITになります。そして、この投資信託をみなさんのファイナンシャルプランに組み込んでいきます。

さまざまな金融商品の中で、結局、この投資信託にたどり着いたわけですが、私の証券会社勤務時代には、投資信託というと株のような急激な値上がりも少なく、また短期で売ってしまい、儲からないまま終わってしまう人もよく見てきました。そのため、元々はあまり魅力を感じていなかったのも事実です。

しかし、いいものを選び、じっくり時間をかけて働かせることによって、以前には感じていなかった魅力、そしてお金を働かせる力に気づきました。**ポイントは、「口数」と「複利」です。**口数とは、投資信託における権利の単位を表します。売買時の取引単位の

ことです。この2つの要素によって、着実にお金が増えていくのです。さらに投資信託には、世界の優良企業もたくさん含まれています。例えば、GAFA（グーグル、アップル、フェイスブック、アマゾン）を始め、世界規模の企業の利益が自分に返ってきますし、伸びている企業の力が自分の力になるといってもいいでしょう。これは、世界が投資信託によってひとつのチームとなり、その力が自分にも返ってくることになります。

ここから「ほったらかし投資」を実際に行ううえでの基本ルールをお話ししていきます。

ほったらかし投資の基本ルール①
分散

ここではリスクコントロールのお話から入ります。難しい話ではありませんので、リラックスして読んでください。

リスクコントロールの方法

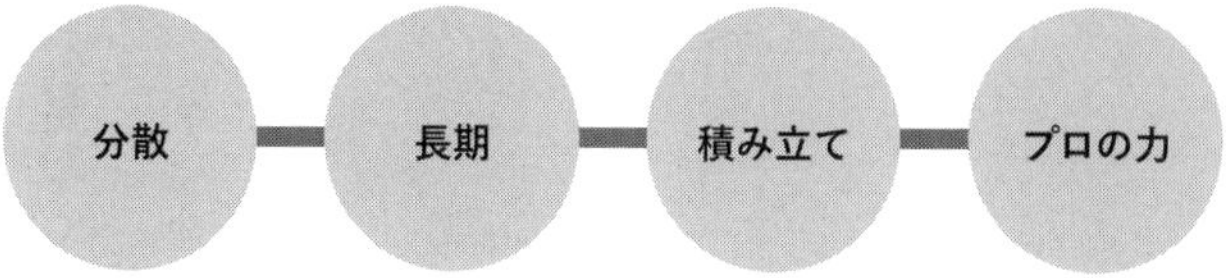

まずは、私が考える投資のルールに**「分散」「長期」「積み立て」**という考え方があります。さらに**「プロの力を借りる」**を加えた4つのキーワードが、**リスクコントロールのフルコース**となります。これに忠実になればなるほど、投資としては穏やかな世界になっていきます。しかし、一発儲けたいと思う人にとっては、面白くない世界に見えるかもしれませんね。つまり、この逆の「集中」「短期」「一気」ということです。これでいくと上下に大きく振れますから、大きくあたることもありますが、外れる可能性も高くなります。まさしく、ギャンブル的世界なわけです。いつも私がすすめている「ほったらかし投資」とは真逆の世界といえるでしょう。

「分散」アセット・アロケーションの重要性

分散といっても「信用リスクの分散」と「価格変動リスクの分散」の2つがあります。まず「信用リスクの分散」のお話をしましょう。次ページの図を見ると、いろんなものが束になっていることがわかりますよね。

例えばこの図でいうと、国内株式・国内債券・国内ＲＥＩＴ・外国株式・外国債券・外国ＲＥＩＴの6種類の投資信託を組み合わせることもできますし、外国株式だけにすることもできます。経済環境や、お客様のリスク許容度・お好みなどに合わせて、配分を決めていきます。

さて、ここで例えば外国株式・外国債券・外国ＲＥＩＴの3種類の組み合わせを考えてみましょう。仮に１００万円投入するとしたら、3種類に分けるので1種類あたり30万円～40万円になります。運用会社としては、このファンドは国内株式で運用、このファンドは外国株式で運用、このファンドは外国債券、このファンドは外国ＲＥＩＴで……とそれ

投資信託の組み合わせ例

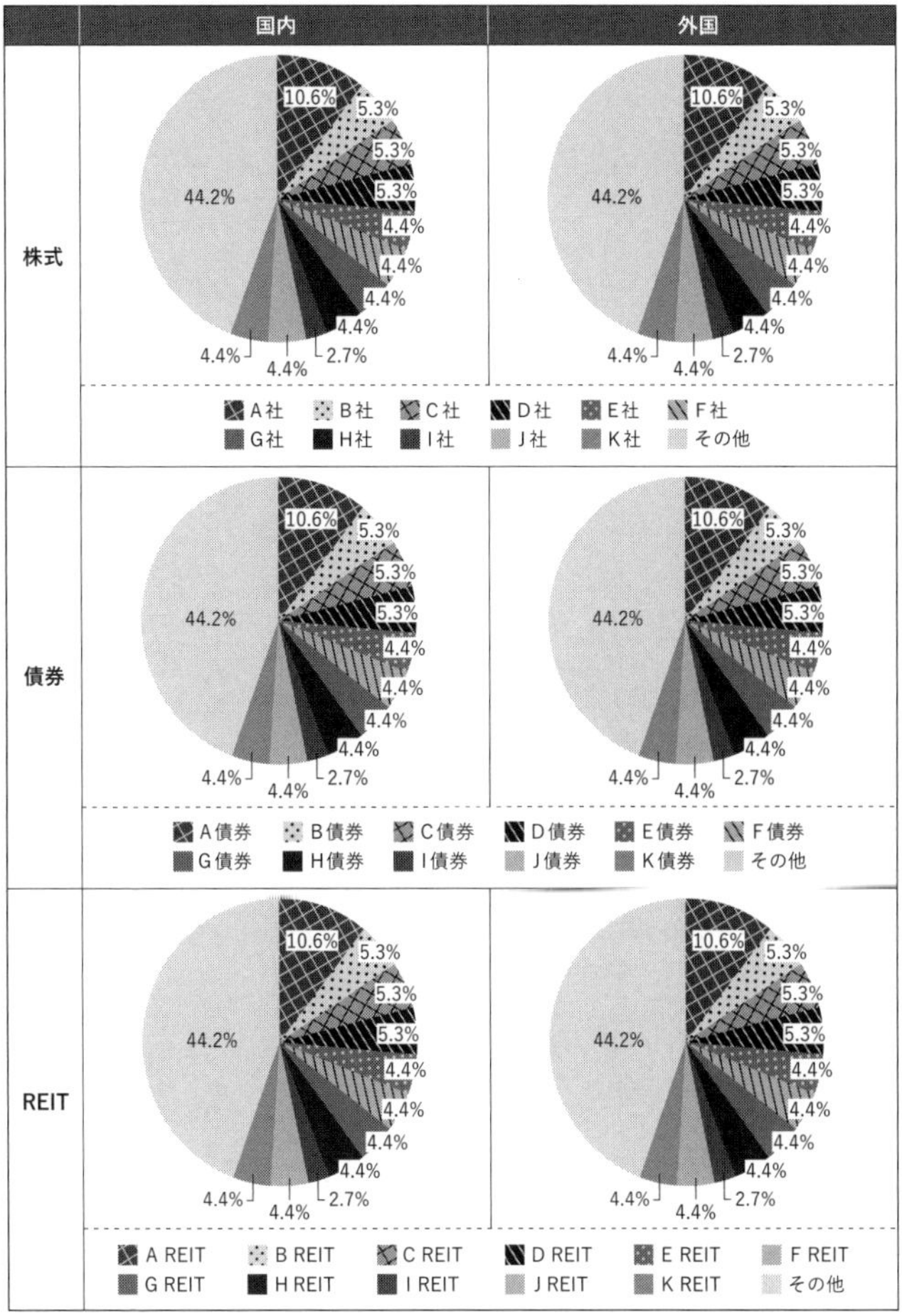

※投資先の配分はイメージです

ぞれ役割が決まっていて、この考えに基づいて運用していきます。

例えば、外国株式ですと「このファンドは外国株式で運用するので、テスラ・アマゾン・アップル・マイクロソフトなどを選んでいきます」とか「外国公益株を選んでいきます」というように外国の優良企業がたくさん組み込まれていきます。1種類あたり30～350銘柄あるとすると、仮に6種類ですと1800～2100銘柄あることになります。つまり上手に分散投資がしやすいのです。

ここでリスクのお話をしましょう。みなさんは、100万円の投資信託を購入して、そのお金がゼロになるときはどういうときか、想像がつきますか？　もしゼロになるとしたら、それはトヨタ、キヤノン、アマゾン、マイクロソフトなどの企業が一気に破綻するときでしょう。つまり、日本やアメリカの誰もが知る大企業が次々と破綻しない限り、100万円がゼロになることはありえません。また、運用会社のほうで良いもの悪いものの入れ替えは絶えず行っているので、リスクの高い企業はすぐに除外されます。100万円投資したお金がゼロになるとしたら〝地球が消えるとき〟といっていいでしょう。

とはいっても、現在のコロナ禍のようなことを考えると、今後何があるかわかりません。

1社に集中して投資するより複数の企業に束で投資しておいたほうが、将来に対する〝安心〟につながるのではないでしょうか。

「一本の矢は意外な力で折れても、何百本の束の矢は折ろうと思っても折れない強さがある」のです。

価格変動リスクも分散される

さて、もうひとつ「価格変動リスク」の分散があります。

まずは、価格変動リスクのコントロールの前に、なぜ相場で過ちを犯し、損している人が圧倒的に多いのか？　について考えます。

相場の値動きと心理

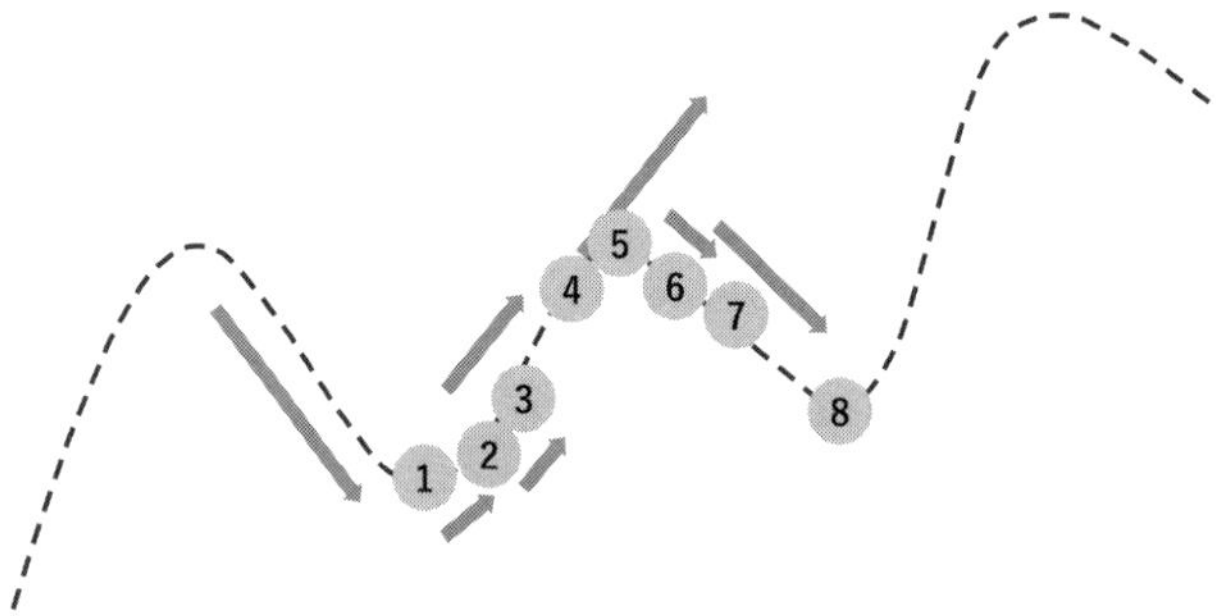

①「多くの人が犯す相場の失敗」

投資をするうえで欠かせないのが、相場の値動きです。ご存じの通り、相場は日々動き、上下動を繰り返していきます。できれば安くなったときに買って、高くなったところで売りたいですよね。しかし実際は思うようにうまくいかず、高いときに買ってしまって、下がり始め、または下がりきってしまったところで売ってしまい、結果的に損をしてしまう人が多いのです。

上の図を見ながらご説明しましょう。

① 最初の下降線からこの位置に下がった場合、買える人がいるかといえば、ほとん

どいません。「まだ下がるだろう」と考えます。

② そうしているうちに少しずつ値上がりし始めます。ここで買えるかというと、「またしばらくしたら値下がりするだろう」と思って、買わずにいます。

③ ここまで上がってくると「良くなって来たんだな」という認識になります。ただ「どうせだったらもう少し下がったところで買いたいな」と思って、この時点でもまだ買えません。

④ そこで様子を見ているとまた上がってきます。相場はトレンドができると、ある程度勢いよく上がるときがあります。これ以上、上がってから買うのも嫌だなと思い、思い切ってここで買ってしまう人がけっこう多いようです。

⑤ ④で買った人はさらにもっと上がると思っている人が多いのです。⑤で売れるかどうかですが、ここで売れる人はまだ少ないです。「もうちょっと上がったら売ってもいいのではないか……」と思っているうちに下がり始めてしまいます。

⑥ ここで売るのは悔しい。⑤の価格まで上がったのだから、また⑤の金額まで上がったら売ればいい、と考えます。そうこうしている間にまた下がり⑦になります。

⑦～⑧　相場は下がりだすと暴落のように下がりだすこともあり、⑧までくるとこれ以上、下がったら不安でしょうがないので、早く売ってしまおうと思って売却し、結局損することになります。

相場を追いかけている人は、このような結果になることが多いです。もちろん、これとは反対にうまくタイミングをとらえて儲かる場合もありますが、それはとても稀なケース。それでは、ギャンブルと一緒です。短期間で売り買いを繰り返すようになってしまったら、お金を増やすよりもギャンブルを楽しんでいるのと同じになってしまいます。これではお金は増えていきません。

下がったときに買えず、上がり始めると買ってしまい、すごく下がり始めると不安になり売ってしまいます。つまり、④で買って⑧で売ってしまう人が多いのが相場の実状です。人間心理としてはわからなくもないのですが、儲かっている少数の人はこの逆の行動をとっているわけで、これができる人はトレードの世界でお金を増やすことができるのです。「人の行く裏に道あり花の山」なんていう相場の格言がありますが、この通りにはなかなかいかないものです。

特に最近の相場は、理論通りにいかなくなっているようです。上がり始めれば、その動きが加速して急激に上がり、下がり始めると急激に下がるといったように、上下に激しく動くようになっています。**相場の価格そのものを直接コントロールするのは極めて難しい**といえるでしょう。

②「コントロールできないことをコントロールしようとしてはいけない」

投資の本質は「蓄積」だとお伝えしてきました。ひとつの銘柄が上下するタイミングを狙うのではなく、いくつもの投資対象を組み合わせて分散して投資することで、その本質が浮かび上がってきます。次ページの【A】の図では真ん中をいく太い実線が「本質」になります。個別で見れば上下激しく変動しているようでありますが、複数の銘柄に投資すると、多少の上下はあったとしても、**全体を見ると緩やかな右肩上がりの曲線**になっていますよね。これが投資の「本質」なのです。

一つひとつの銘柄をコントロールすることは難しくとも、分散して投資することで、あ

分散効果

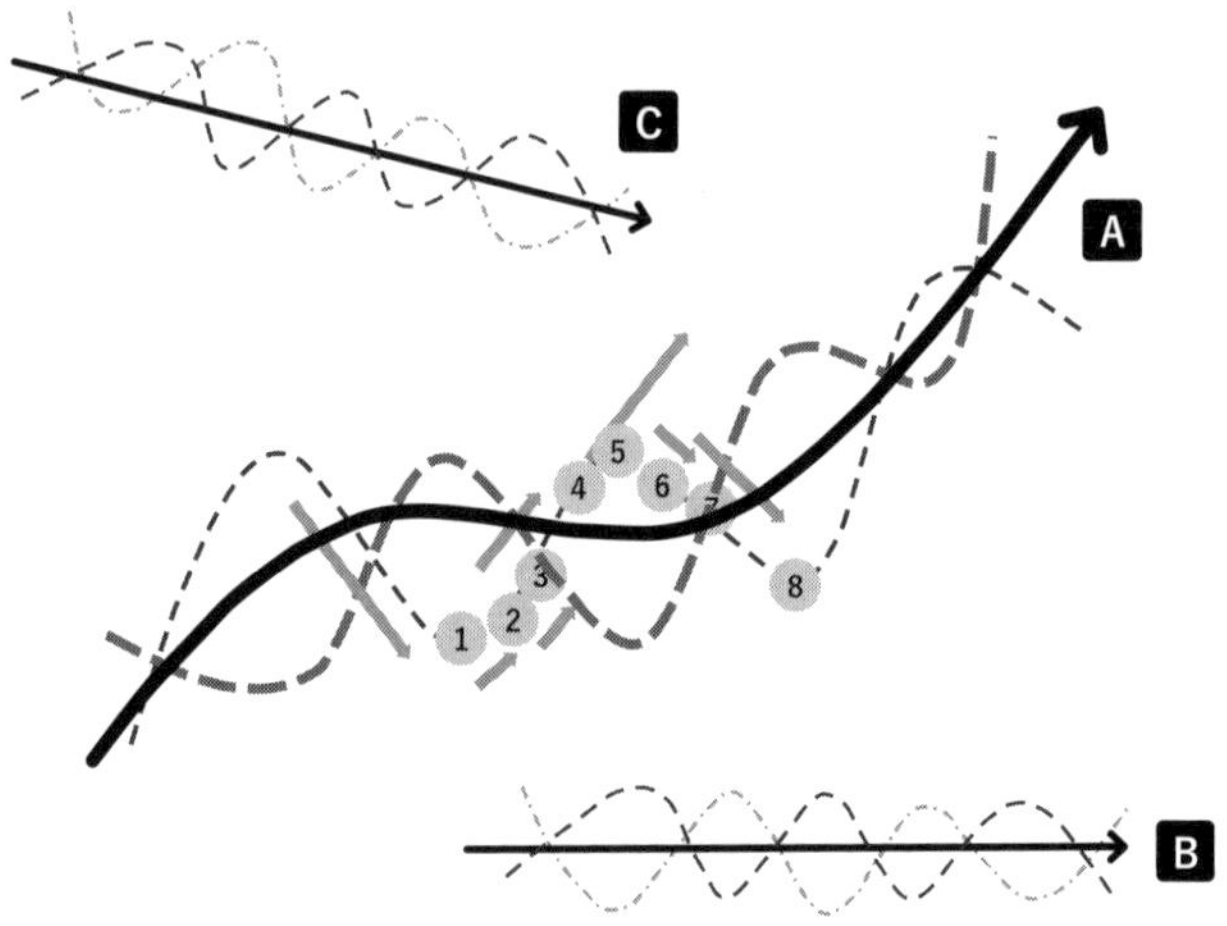

る程度リスクをコントロールできるとわかっていただけたのではないでしょうか。

では、分散したとき下がっていくことはないのか？　について考えてみましょう。

図の【A】のように上がっていくのか、【B】のように穏やかに横這いなのか、【C】のように穏やかに下がっていくのか。

長期的にみればどれが自然体だと思いますか？　答えは【A】です。

本質が蓄積されていくものを束にすると、長期的には上がっていくといえます。

銘柄さえ間違えなければ、
無理してなんとか上げていく必要など全くない仕組みなのです。
「長期は本質に従う」といえますね。

ほったらかし投資の基本ルール②
長期

それでは、この蓄積の力をさらにパワーアップさせる時間の力、これを「長期」といいます。これから「長期」の話をしましょう。

次ページの図をご覧ください。

1973年に100万円を投入したときの運用実績です。折れ線グラフが全世界株指数という株の平均値のようなものです。上の線が米国で有名なニューパースペクティブ運用の長期の運用実績です（日本ではニューパースペクティブ運用と同じ運用を行うものとしてキャピタル世界株式ファンドがあります）。

1987年あたりでブラックマンデーが起きています。そこで世界的な大暴落が起こっています。そこから1990年の大暴落、これが日本でいうバブル崩壊の時期にあたります。

その後もさまざまな出来事があって、2008年にリーマン・ショックがありました。このときも株価が大暴落して経済も苦しい状況になりましたが、それを乗り越えながら株価は徐々に上がっていきます。

2019年末の実績を見ると、全世界株指数が1886万円と約18倍に増えています。逆算すると約6・5％の複利で運用していたことになります。100万円を46年間6・5％の複利で回していくとこうなるのです。企業が出す利益が積み上がっていく株の本質か

ニューパースペクティブ運用の長期の運用実績

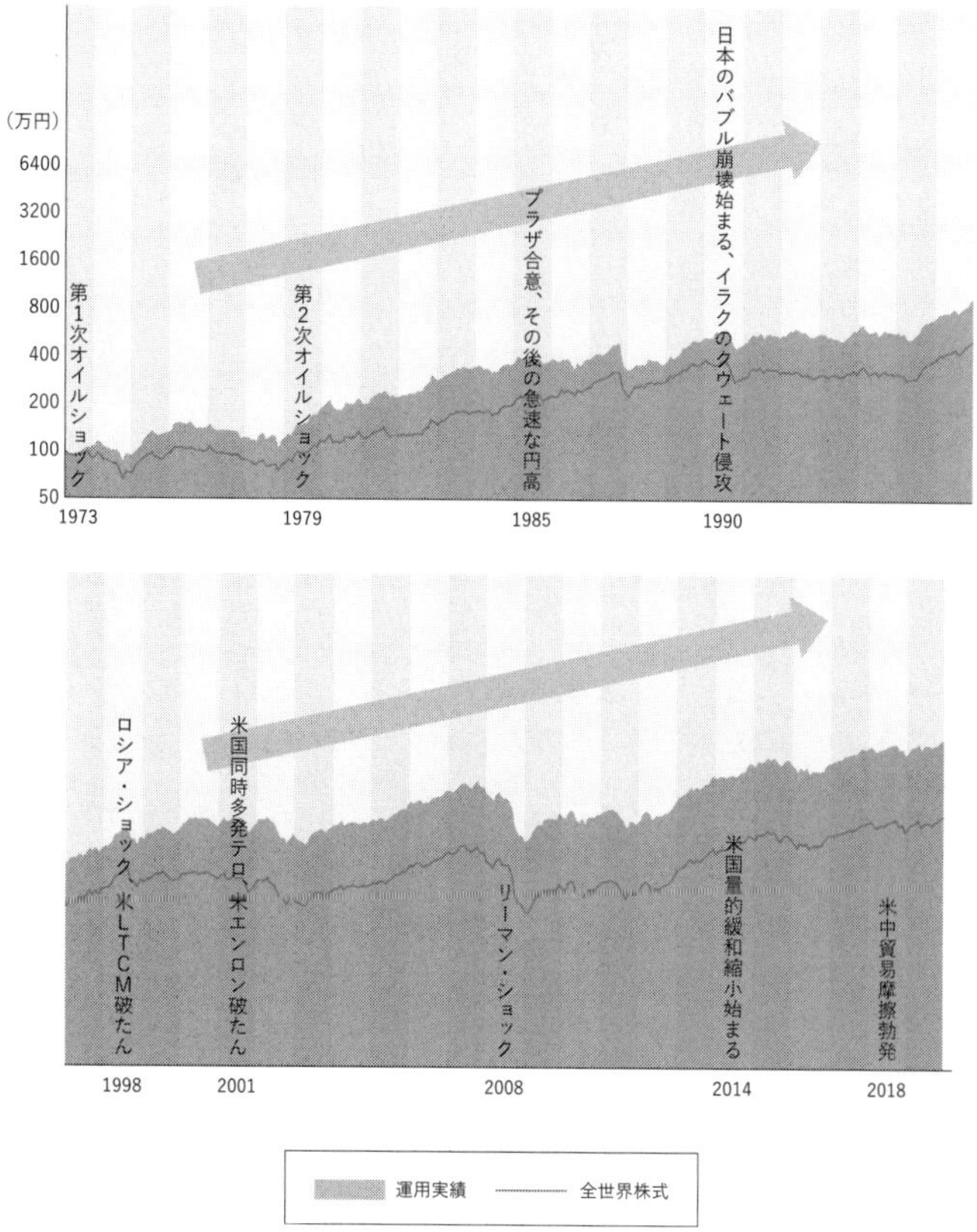

キャピタル・インターナショナル株式会社資料より著者作成

ら考えると、驚くことのない自然な姿ですね。**ブラックマンデーやリーマン・ショックといったように、世界が大騒ぎして株価が暴落したにもかかわらずこの運用成績です。**

一方でニューパースペクティブ運用（日本では同じ運用の「キャピタル世界株式ファンド」）の2019年末の実績は5791万円になっていて、逆算すると9・1%の複利で回っていたことになります。定期預金なら0・002%の複利ですから、100万円を30年預けても約600円しか金利は付きません。この差は、大きいと思いませんか。金利の力、そして時間を味方につけるとこのような力を発揮するのです。

そして、もうひとつのキーワード「積み立て」の力が加わります。次に積み立てのお話をしましょう。

ほったらかし投資の基本ルール③
積み立て（ドルコスト平均法）

ここでドルコスト平均法についてお話ししましょう。ドルコスト平均法と聞くと難しそう、なんて思われるかもしれませんが、安心してください。次ページ以降の図でご説明します。

左側が毎回「10個」ずつ買うパターン、右側が毎回「１０００円」ずつ買うパターンです。どちらがおすすめでしょうか？

結論からいうと一定の価格で毎月購入する右側がおすすめです。ではなぜそうなるのか、説明していきます。

リンゴが１００円、２００円、50円と変動したとします。そしてあなたは毎月同じ日に

積立投資の効果

「リンゴ」をドルコストで購入した場合とそうでない場合

決めた個数を購入 常に10個購入		決めた金額を購入 ‖ ドルコスト平均法 常に1,000円分購入
10個	**100円**	10個
10個	**200円**	5個
10個	**50円**	20個
⬇		⬇
3,500円で30個購入		3,000円で35個購入
1個あたり116円		**1個あたり85円**

リンゴを買わなければいけないとします。

まず左側の一定個数買う人では、１００円のときには１０００円払って10個を買うことになります。２００円のときは２０００円払って10個を買います。続いて、50円のときには５００円払って10個を買います。結果30個買うのに払ったお金は３５００円となります。それで1個あたりいくらで買ったかというと１１６円です。

それに対して右側の場合では一定の金額で購入していきます。リンゴが１００円のときには１０００円払って10個を買います。次に２００円のときには、結果として5個しか買えませんでした。リンゴの価格が下

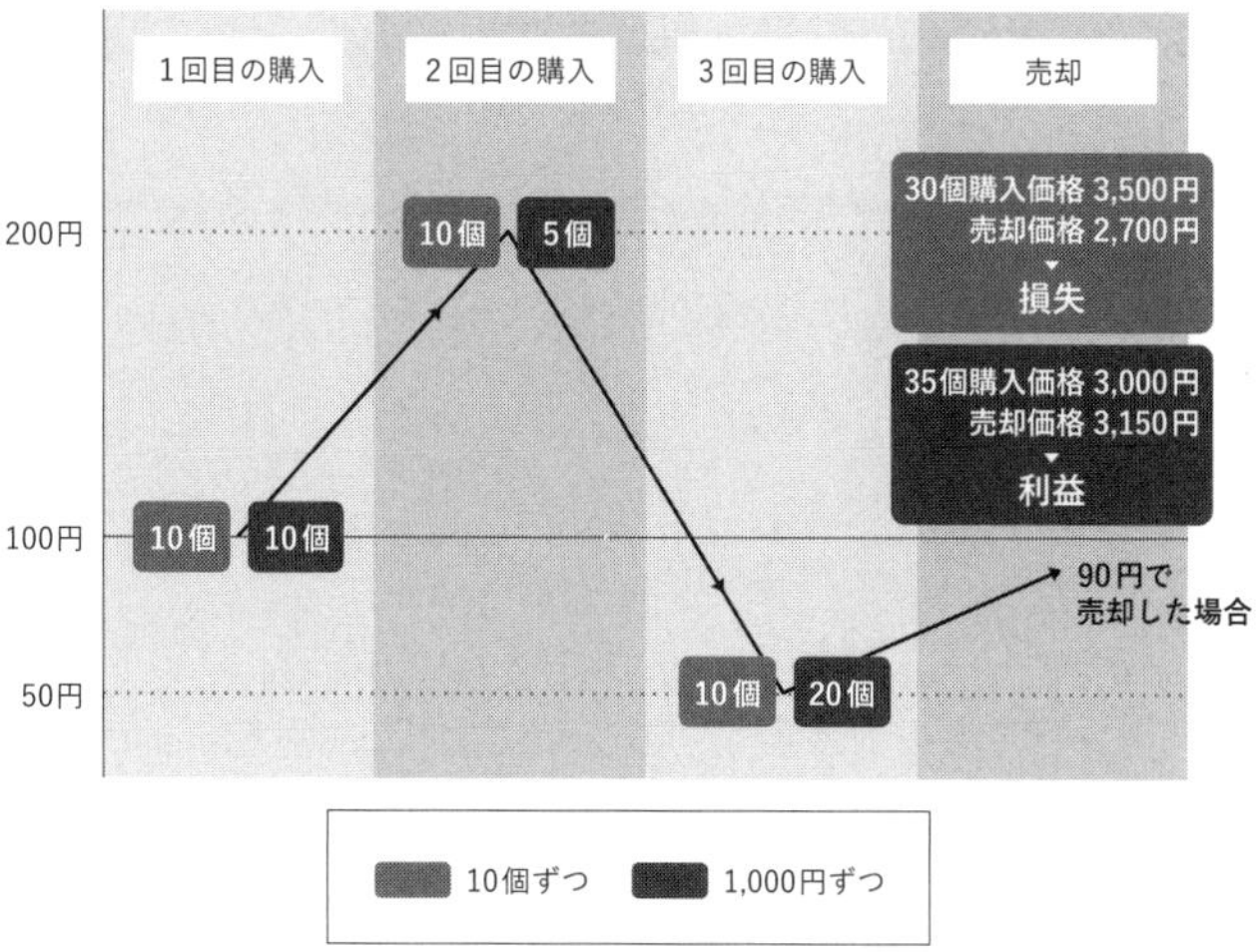

がって50円になりました。いつも通り100円分買うと20個買えますね。

ここまでの結果を考えると3000円支払って35個購入したことになります。1個あたりいくらで買ったかというと85円です。つまり一定金額購入を継続していくと、安いときに多く購入し、高いときには少しだけしか買えないので、平均単価が安くなるのです。

上の図がその続きで、100円、200円、50円と変動する中で購入したあとに最終的に90円で売却するとして、儲かるのか損するのかを計算してみましょう。一定個数購入(10個ずつ買っている人)は左の数字のほうを見てください。今30個買っています。払ったお金は累計で3500円です。もし90円で売却したら2700円にしかなりませんから損失になります。

右の数字のほうが、一定金額で購入した推移になります。10個、5個、20個と買ってきて、最終的に3000円で35個買えたわけですから、90円の時点で売れば3150円となり利益を得ることができます。値段は90円と下がっていますが、結果として利益が出ています。これを投資信託にあてはめて考えてみますと、コンスタントに上がっているものは継続して買っていけば安心でいいのですが、なかなか上がらない場合も、安いうちに多く購入できることになります。最終的に本質に沿って上昇していった場合、「単価×口数」で予想以上に好成績になるケースがあるのです。まさに積み重ねた口数の威力を実感できるときです。

ドルコスト平均法を実行すれば、平均単価は下がりますし、買うタイミングを悩まなくていいのです。さらに、あわせてリスク管理もできます。この考え方はいろいろなところで応用できます。

ほったらかし投資の基本ルール④
プロの力を借りる

ここまで、投資の基本ルールについてお話をしてきました。もうひとつ、「ほったらかし投資」には大切な考え方があります。それが**「体制」**です。これは言い換えると、チームづくりといってもいいでしょう。

「どうしたらいいだろうか?」という疑問に的確にアドバイスをくれるプロを味方につけるとゴールにさらに近づくことができます。**パートナーは、いろいろな心配事をすぐに相談できる人生の伴走者のような存在を選ぶといいでしょう。**この「ほったらかし投資」の場合でも、お金を預ける投資ですから心配はつきものです。しかし、それをそのままにしていては前に進むことはできません。そのため、気軽に相談できることが大事なのです。

また、すぐに転勤や転職で担当が変わるケースも金融業界では多いので注意が必要です。

もちろん、自分自身で投資信託を買って運用するのもひとつの手です。ただ、人間誰しも目の前の価格変動などで左右されてしまいますし、不安で止めてしまい、結局短期で売買する方も多いですから、客観的なアドバイスは投資に成功するためには欠かせないと考えています。あなたにとってのベストなチームを組めるように、幅広く情報収拾をしていきましょう。

ちょっと知っ得！②

独立したからこそ提案できる自分が本当におすすめしたい投資法

私からしてみれば、こんなに素晴らしい「ほったらかし投資」をどうして他の金融機関はすすめないのだろうか？　と思いますが、これは構造的な問題もあって、長期で商品をおすすめしにくい事情もあります。また、ある考え方が一定数となるとバイアスがかかって、物の見え方が偏って固定されてしまうこともあります。

私自身証券会社に勤務していたときは、会社都合の事情も多々あり、本当におすすめする投資方法をお客様に提案できなかったこともありました。例えば、金融機関もビジネスですから、どうしても新しく出た商品を買ってもらいたい、業績を伸ばしたいということで、お客様のニーズを汲み取ることができないケースもあるのです。さらに証券会社に限らず銀行など金融機関は転勤も定期的にあるので、お客様に寄り添って伴走したくてもできないのが現実でした。

「お客様のニーズを汲み取ったお客様本位の仕事をしたい、本当にいいと思うものをおすすめしたい。ならば、独立してIFA（独立系ファイナンシャルアドバイザー）としてやってやろう！」

その想いから勤めていた証券会社を退職して、独立を選択しました。その後、私がベストだと信じる投資方法を提案し続けてきました。そして行き着いたのが、この「ほったらかし投資」だったのです。

第5章

実践！
世界一カンタンな
ほったらかし投資

投資信託には2つの型がある

それではいよいよ「ほったらかし投資」の実践に進みましょう。あとから何回でも読み返しができますから、肩の力を抜いてまずはサラッと読んでください。

投資の「本質」と「型」について

それでは、まず投資の「本質」と「型」について整理してみましょう。

まず「本質」のおさらいです。投資対象として、例えば世界の株式、世界の債券、世界のREITに投資をしたとします。3章でお伝えした通り、株式の本質は企業利益の蓄積、債券の本質は金利収入の蓄積、REITの本質は家賃収入（賃貸収入）の蓄積でした。

投資対象それぞれの本質

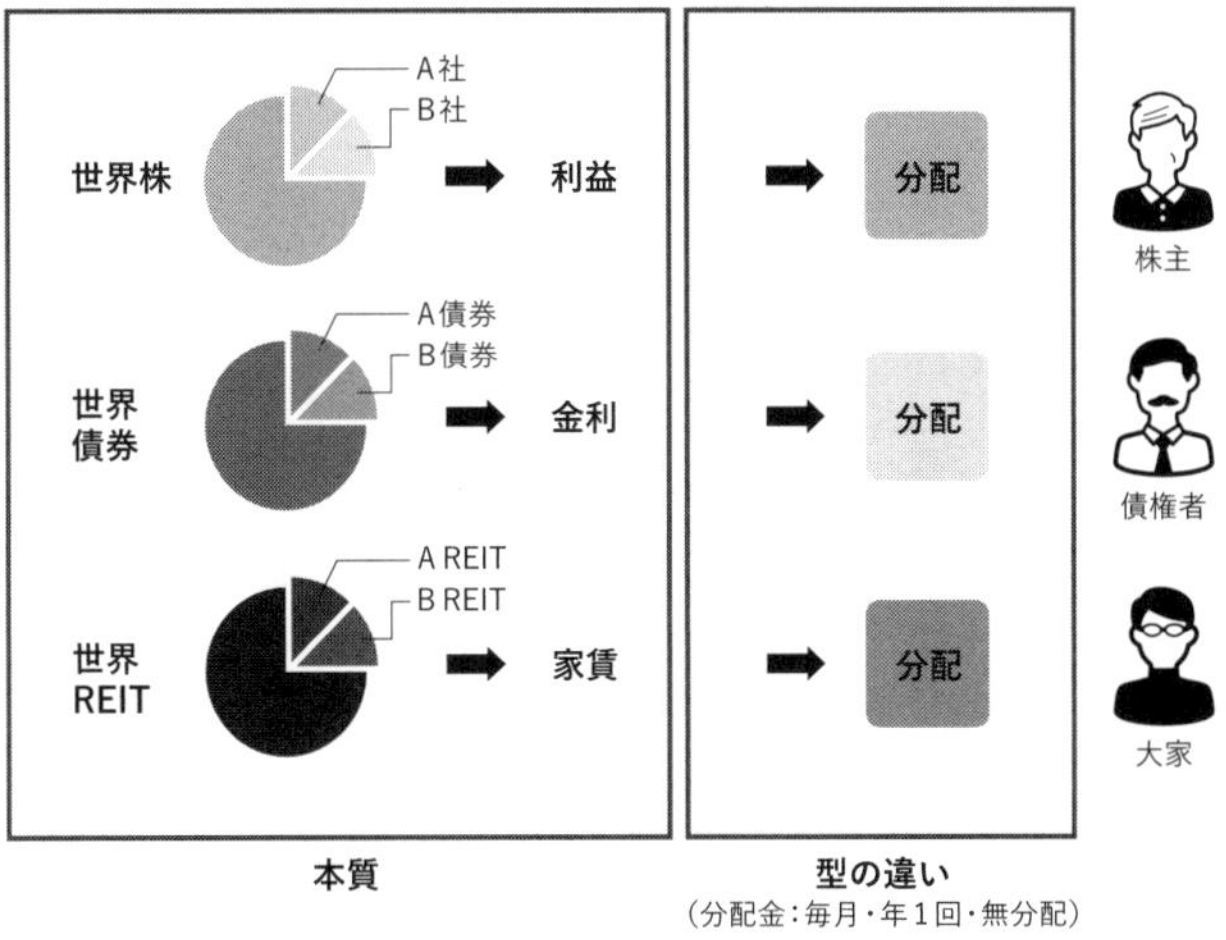

すなわち、**投資対象からの企業利益・金利・家賃の蓄積が「本質」**なのです。

一方で投資信託には、①「値上がり戦略」、②『口数複利戦略』という2つの「型」があります。その違いについて整理をしていきましょう。投資信託で得られた蓄積から投資家に還元されるお金を分配金といいます。その分配金を出す型もあれば、出さない型もあります。

分配を出す、出さないは型の違いであって、蓄積の上下には影響しません。還元するか、貯めておくか、この違いだけです。毎月分配金を出す型もあれば、年に1回や半年に1回出す、という型もあ

ります。また、一切出さない型もあります。大切なのは、**蓄積の量は投資先で決まること**

です。受け取り方法の違いで型が決まります。

これからお伝えする「値上がり戦略」、「口数複利戦略」ともに、どちらだけが正しいと

いうことはありません。全体像を正しく掴んで、ご自身の状況・性格・好みなどから、ど

ちらがいいか、またはその組み合わせを探ってください。

投資信託の型①
値上がり戦略

投資信託の時価は、基準価額×口数で計算します。基準価額は投資信託の1万口あたり

の金額、口数は投資信託における権利の単位を表します。

まず**「値上がり戦略」は、分配金を出さない型を選択します。**現役時代に値上がりを期

待して投資信託を購入し、引退後に売却しながら取り崩していく戦略です。

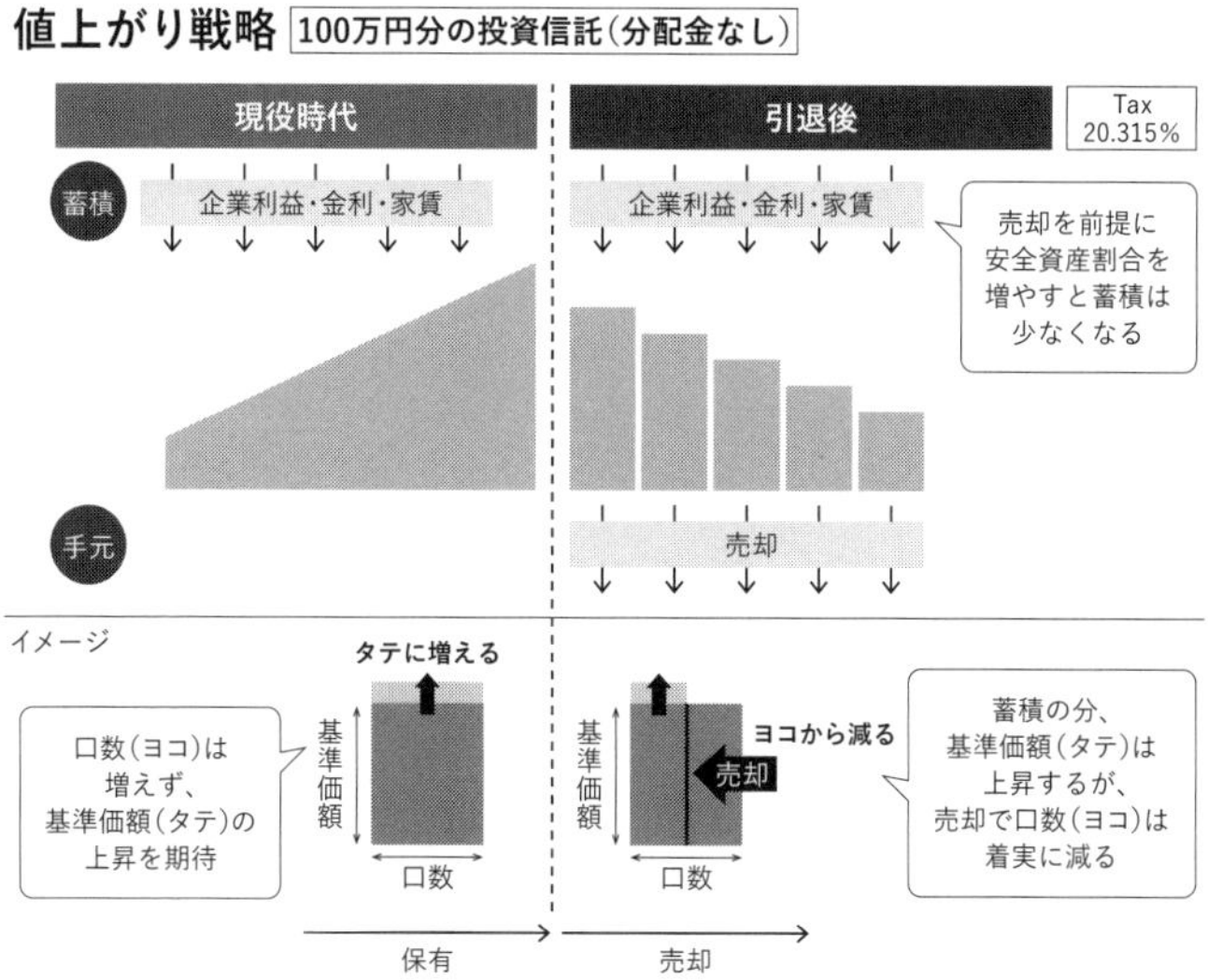

上の図をご覧ください。

最初に100万円を投資したとします。ここでは例えば年率5〜6％の値上がりを期待して投資を行います。分配金がない場合は、その分蓄積しますので、値上がりしやすい特徴があります。

現役時代は、値上がりを追求し長期保有します。

図のイメージ部分をご覧ください。縦軸は基準価額を表しています。横軸は保有口数を表しています。投資信託の蓄積によって基準価額が上がっていくので、縦軸方向に伸びていくと考えてください。追加購入をしない限り、口数は当初のまま増えることはありません（横軸が伸びることはありません）。

次に、「値上がり戦略」の**引退後**を見てみましょう。

引退の年齢を65歳としましょう。今回のケースですと、分配金は発生しません。よって、現在保有している投資信託を**売却**しながら、生活していくことになります。

また老後は売却することを前提に価格変動リスクを抑えるために、投資信託の銘柄を債券などの安定資産に入れ替えていく必要があります。リスクを抑えると、リターンも減るので毎月の蓄積量も減っていきます。よって縦軸の伸びは少なくなります。一方で、保有している投資信託自体を売却していきますので、**横軸である口数は徐々に少なくなります。**細長い長方形になっていくイメージです。

ニワトリで例えると「現役時代にニワトリを大きく育てて、引退後にニワトリを食べていく」スタイルです。食べていくと、いずれなくなってしまいます。この戦略では3つのケースが想定されます。

(1)蓄積量∨売却額の場合　縦軸方向に延びる面積が、横軸方向に減少する面積よりも大きいため、総資産は増えていきます。

(2)蓄積量＝売却額の場合　縦軸方向に延びる面積と横軸方向に減少する面積が同じなので、総資産は減りません。

(3)蓄積量＜売却額の場合　縦軸方向に延びる面積よりも、横軸方向に減少する面積の方が大きいため、総資産は減っていきます。

値上がり戦略のメリットとデメリット

「値上がり戦略」のメリットとデメリットについて、簡単にまとめておきましょう。

◎メリット

①基準価額が上がる、という喜びがあります。

②分配金を受け取らないので、課税の繰り延べ（先送り）効果があります。分配金を受け取ると、その都度課税されますが（普通分配金の場合）、分配金を出さないのですか

ら当然課税されません。

✕デメリット

①分配金がないので、老後は売却しながら切り崩していくことになります。ですから、お金が必要になるたびに、投資信託自体を売ることを考えなければなりません。そうなると、売る時期に悩むことになります。毎月期日を決めて売っていく「定期売却」というやり方もありますが、いずれにせよ売却をしていくと口数は着々と減っていきます。

②メリットの裏返しなのですが、税金（課税）の繰り延べ（先送り）をしてきましたので、最後にまとめて税金を払わなければいけません。仮に基準価額が順調に値上がりして、資産が増えていても、それには未払い税金分の金額が含まれています。そのため、その未払い税金の金額を引いた実際の基準価額は想定よりも低くなります。

投資信託の型②
口数複利戦略

次に「口数複利戦略」についてご説明します。「値上がり戦略」とは異なり、**分配金が出るタイプの投資信託を選択します。その分配金を再投資に回しながら口数を増やし、一生涯売らない**という戦略です。そして、引退後（老後）は分配金を受け取り、年金の足しにして、生活を豊かにすることを目指します。口数複利とは、投資信託の複利を活用して、口数を増やしていく方法なのです。これが**「ほったらかし投資」の基本的な考え方となります。**

実際に活用するのは、無期限型の毎月分配型ファンドです。すべてのファンドがいいとは決していえないので、選定が重要になります。投資先の選び方は以下を参考にしてください。

・投資先が蓄積（企業の利益・金利・家賃）を生み出し続ける安心感がある

・基準価額・分配金の状態がほどよく、純資産残高が十分すぎるほど大きい

・長期的実績がある（分配金込み基準価額が長年で着々と積み上がっている）

下の図をご覧ください。これは「口数複利戦略」を整理した図です。

こちらにも、100万円投資したとします。まず、**現役時代**を見ていきま

口数複利戦略 100万円分の投資信託（分配金あり）

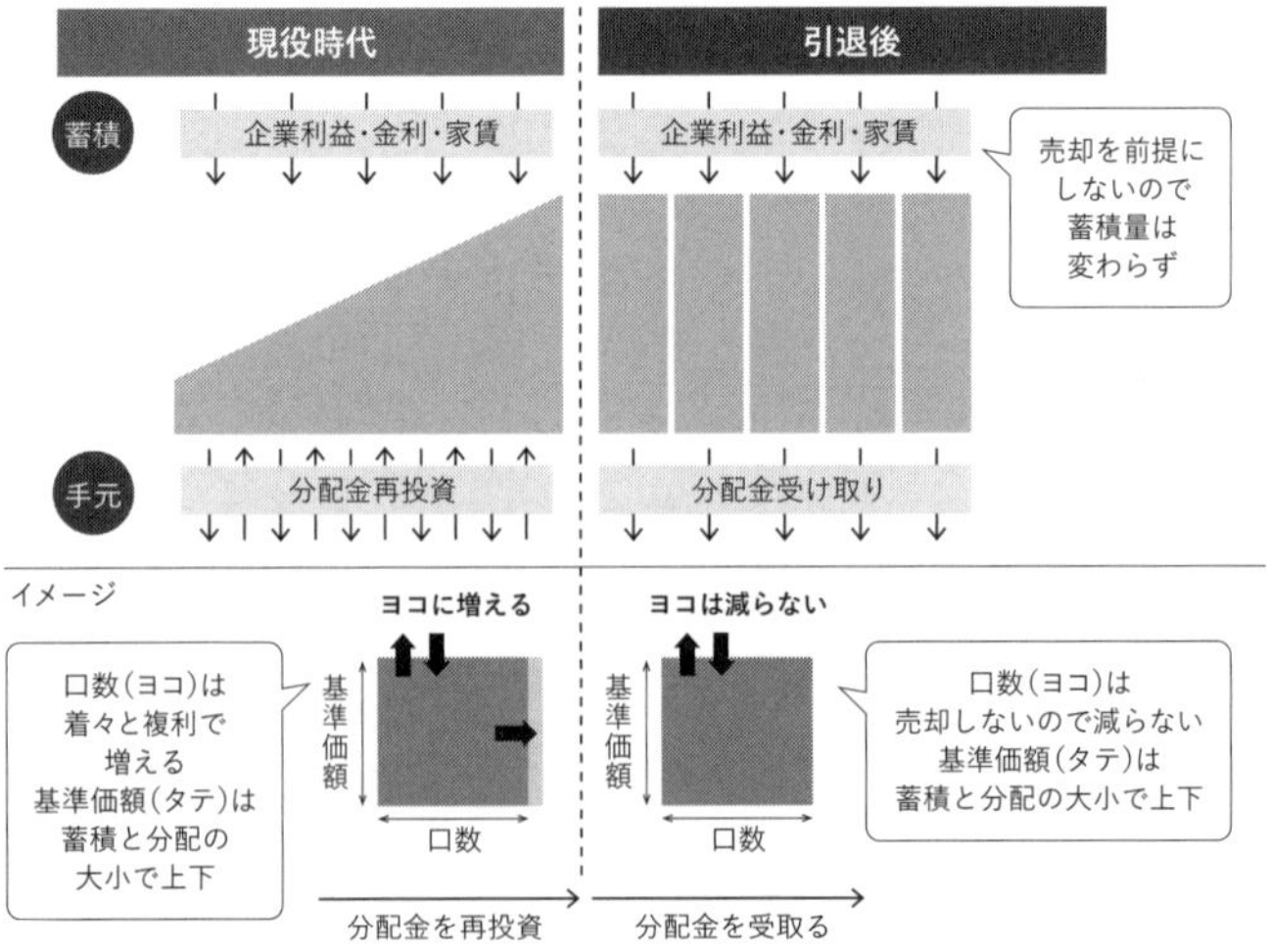

しょう。現役時代は口数複利になります。つまり、分配金を受け取らずに同じファンドに再投資して、口数を増やすのです。

この分配型の投資信託も当然ながら、企業からの利益、債券の金利、ＲＥＩＴの家賃が蓄積され、本質的価値は増加していくわけです。

図のイメージ部分を見ると、**横軸（口数）が着々と複利で増えていきます。**

一方、縦軸である基準価額は、ファンドの蓄積量と分配金の関係で決まります。ただ分配金型では、基準価額があまり上がらない場合が多いです。

この場合、３つのケースが考えられます。

⑴蓄積量＞分配金の場合　基準価額は上昇しながら、再投資により横軸方向に伸びていきます。

⑵蓄積量＝分配金の場合　基準価額は一定のまま、再投資により横軸方向に伸びていきます。

⑶蓄積量＜分配金の場合　基準価額は下がりながら、再投資により横軸方向に伸びていきます。

それでは、次に**引退後**について説明しましょう。

老後は「値上がり戦略」とは違い、投資信託自体を売却するのではなく、素直に分配金を受け取ります。もちろん、売ることもできるのですが、あえて売らずに分配金を受け取ることをおすすめしています。

分配金を受け取り、再投資はしませんから、当然口数は増えません。毎月の蓄積に比べて、分配金が多くなると基準価額は下がります。なぜならば、分配金は投資信託（ファンド）の「純資産総額」の一部を自分の手元に移動することだからです。

また、現役時代に再投資によって増やした**口数はそのまま減ることはなく、最終的に相続することもできます。**「口数複利戦略」をニワトリに例えると「口数複利によってニワトリをたくさん育てて、ニワトリは食べずに卵（分配金）を食べ続ける」というイメージです。

この場合、３つのケースが考えられます。

⑴蓄積量＞分配金の場合　基準価額は上昇しながら、口数は減らずに一定のまま、分配金を受け取り続けます。

(2)蓄積量＝分配金の場合　基準価額は一定のまま、口数も減らずに一定のまま、分配金を受け取り続けます。

(3)蓄積量＜分配金の場合　基準価額は蓄積量と分配金の差額分が減少しますが、口数は減らずに一定のまま、分配金を受け取り続けます。

わかりやすくまとめると、現役時代は再投資により口数を増やし、老後は受け取った分配金を生活費にあてることができるのです。また、相続を視野に入れると、代々続くキャッシュフローとして、超長期投資と考えることもできます。相続人が、相続した投資信託の口数を、被相続人と同じように現役時代は口数複利で増やし、引退後は分配金を受け取ることができるからです。

口数複利戦略のメリットとデメリット

こちらもメリット・デメリットをまとめておきましょう。

◎メリット

①口数が減らない〝安心感〟があります。この安心感は投資をするうえでは大事です。また、現役時代は再投資をするので、土台となる口数が加速度的に増えていきます。

②分配金を再投資するときにドルコスト平均法（4章参照）を活用することで、安いときには多くの口数を買えるという効果を発揮します。リーマン・ショックやコロナショックなど、相場が大きく下がるようなタイミングでは、口数を加速度的に増やせる種まき期間と考えることができるのです。

③生涯売却しないので相続で口数を継承していくこともできます。
（※一部のファンド、例えば運用が無期限型でない、償還のあるものは、この考えは使えません）

×デメリット

①基準価額が上がる喜びを味わいにくい（ただし「基準価額×口数＝時価」の上昇は本質的蓄積とともに味わえます）。

②分配金を受け取るたびに、税金が発生します。ただ先払いしている分、最後に売ったときに税金は「値上がり戦略」よりはかかりません。

またトータルリターン※は着々と増えていても、税務上の評価損益はあまり増えていないように見えるため、儲かって売却してもあまり税金が発生しないケースが多いのです。税金に関しては、先に払うか後に払うかでその人の考え方によってメリット・デメリットは違うかもしれません。

私の経験上、分配型の口数複利を利用すると運用成績（基準価額×口数）は想像より上をいく場合が多いです。また老後のメリットとしては先ほども述べましたが、売らないので口数がある安心感と売りどきに悩まなくてもいい安心感は大きいと思います。

※トータルリターンとは、「現在の評価金額」、「累計解約金額」、「累計受取分配金額（税引後）」の合計額から「累計買付金額（買付手数料・買付手数料に係る消費税含む）（分配金再投資分含む）」を差し引いた金額であり、その取引金融機関における投資信託の新規買付時から算出基準日までの全期間を通じたトータルの損益金額です。

口数複利戦略が、キャッシュフローを生み出す仕組み

それでは、なぜ「口数複利戦略」が基本的におすすめなのかをお話ししましょう。実は、もともと私は分配型を否定していました。毎回分配金を受け取ると単利型になるため、複利効果もないし、税金もその都度納めなければいけないので、メリットは少ないと考えていました。

大きく変わったきっかけは、リーマン・ショックです。市場価格が一気に下がったとき、さまざまな投資法を検討しました。そのときにひらめいたのが「口数複利戦略」だったのです。事前にシミュレーションして実際に始めてみると、当時は値段が下がっており、多くの口数が買えた事情もあって、結果として利回りも高くなりました。

投資信託のキャッシュフローを計算する

100万円 ÷（4,500 + 4,500 × 3.3%）× 10,000口 = **2,151,232口**

2,151,232口 ÷ 10,000口 × 70 × 0.79685（税引後）≒ **12,000円／月**

12,000円／月 × 12ヵ月 = **144,000円／年**

144,000円／年 ÷ 100万円 × 100 = **14.40%**

投資信託は、基準価額・分配金ともに変動があります。
実際の投資においては、目論見書などにより商品内容・リスク・手数料・税金などご確認ください。

ひとつの投資信託の事例を現時点の税制で計算してみましょう。

基準価額が4500円で、分配金は毎月70円。手数料3％に消費税の10％がかかって、3・3％の手数料がかかるとしましょう。

このときに100万円購入したらどうなるかを計算したのが、上の図の計算式です。金利0・002％の定期預金に預けておいても利息は1年で20円ですが、この投資信託を購入した場合、100万円はどうなるのでしょうか。

手数料込みで買える口数は、215万1232口になります。口数2151232口の1万口につき70円の分配金が出ます。そこから受け取るためには税金が20・315％（現在は復興特別所得税がかかります）なので0・79685をかけてもらうということになります。大体、月1・2万円くらいの配当金を受け取れます。それを12カ月もらったら約14万円になります。意外と大きい額だと思いませんか。

分配金利回りとしては約14％になります。14％は高すぎるのでは？　と不思議に思う方もいらっしゃるでしょうが、購入時の基準価額が安かったから、分配金利回りが高くなるのです。基準価額が1万円くらいで買った人にとっては口数が半分の100万口くらいになって、結果として分配金利回り約7％前後ですし、さらにもう少し高い値段で買った人は分配金利回りも低くなります。買ったときの値段により、分配金利回りは変わります。

ここでのポイントは〝安いときに買う〟ことです。

こう見てみると、この場合、再投資せずにそのまま受け取る考え方もありだと思いませんか？　毎月約1・2万円、つまり年約14万円を、7年くらい受け取るのです。そうしますと、14万円の7年ですから、合計約100万円になります。預けた金額が100万円としたら、いったんここで元本が回収された状態になります。それ以降、受け取る分配金は純粋に増えたお金になります。すでに100万円回収しているので、基準価額の時価が仮に目減りして80万円とかに下がっていても、それも純粋に増えた資産といえるのです。

素直に受け取るのもひとつの手ですが、複利の力を考えるとやはり「口数複利戦略」がいいのではないかと考えています。毎月約1万円の分配金は、もちろん嬉しいのですけど、現役時代だったら給料も入ってきます。そのため、分配金をあえてもらわなくてもいいのではないか。その発想から分配金を再投資する方法をおすすめしています。

ここで、よくある勘違いをお伝えしましょう。再投資するたびに毎回3％＋税の手数料を払う必要があると思っている方がいますが、**自動再投資には毎回の手数料はかかりません。**この点はどうかご安心ください（窓口によって違いがある場合もあるので、念のため確認してください）。

その自動再投資を使って、口数を増やしていきます。月約1万円の分配金を手数料をかけずに元本に再投資したら、1カ月で215万口が217万口ほどに増えます。1万口につき70円の分配金が出るとして、2万口分として140円くらいの分配金が徐々に分厚くなっていき、それが〝複利〟でどんどん積み上がっていくというわけです。

投資信託の「値上がり戦略」、「口数複利戦略」をお話ししてきました。どちらにもメリットとデメリットがありますから、みなさんの生活や人生設計に合わせて選ぶのがいいでしょう。

出口戦略は分配金を受け取る

私がみなさんにおすすめしている「口数複利戦略」ですが、この戦略のポイントを一言でいうと、**〝一生売らない〟**ことです。現役時代は再投資を続けて、老後は再投資を止めて、分配金を受け取ります。**売却するのではなく、「再投資→受け取り」の切替をするの**

です。「口数複利戦略」にとって、この分配金が重要になってきます。

分配金は、口数に応じて毎月入ってきます。引退後も売却しませんから、口数は減らず手元に残ったまま、基準価額は上下しています。

「値上がり戦略」を選択していると老後に分配金はありませんから、投資信託自体を売却しながら老後資金にあてることになります。この場合、いつ売ったらいいのか、というタイミングを計る悩ましい問題が出てきますが、**「口数複利戦略」ならそうした悩みはありません。ただ毎月分配金をもらっていけばいいわけですから。**

基本的に売らない、いじらない。
そして現役時代から分配金を再投資して口数を増やしながら、
それを長く続けていけば老後に受け取る分配金も
増えてくる仕組みです。

ただ、「ほったらかしですべて大丈夫」というわけではありません。**現役時代、老後も年に一度くらいはメンテナンスをしましょう。**基本は、ほったらかしで大丈夫ですが、自分の大切なお金がどうなっているかは定期的にチェックする必要があるのです。チェックする基準はゴールの再確認とゴールに対する効果性の検証です。ゴールに対する効果性が問題ない場合、引き続き継続していきましょう。逆に効果が薄れている場合は、軌道修正をする必要があります。

また「値上がり戦略」、「口数複利戦略」ともに、万が一、組み込んでいる投信が、早期償還などになったときは注意が必要です。投資しているファンドが、そのときの時価で還ってきますので「次はどうするか?」を考え、配置換えしていくことになります。

では、ここで分配金のお話をもう少しいたしましょう。次ページの図をご覧ください（わかりやすさを優先して、万円などの単位は抜いています）。

例えば、100のお金で、投資信託を買いました。そして運用会社は集めた100のお金で株式・債券・REITを買ったとします。株からは企業の利益、債券からは金利、R

分配金パターン1

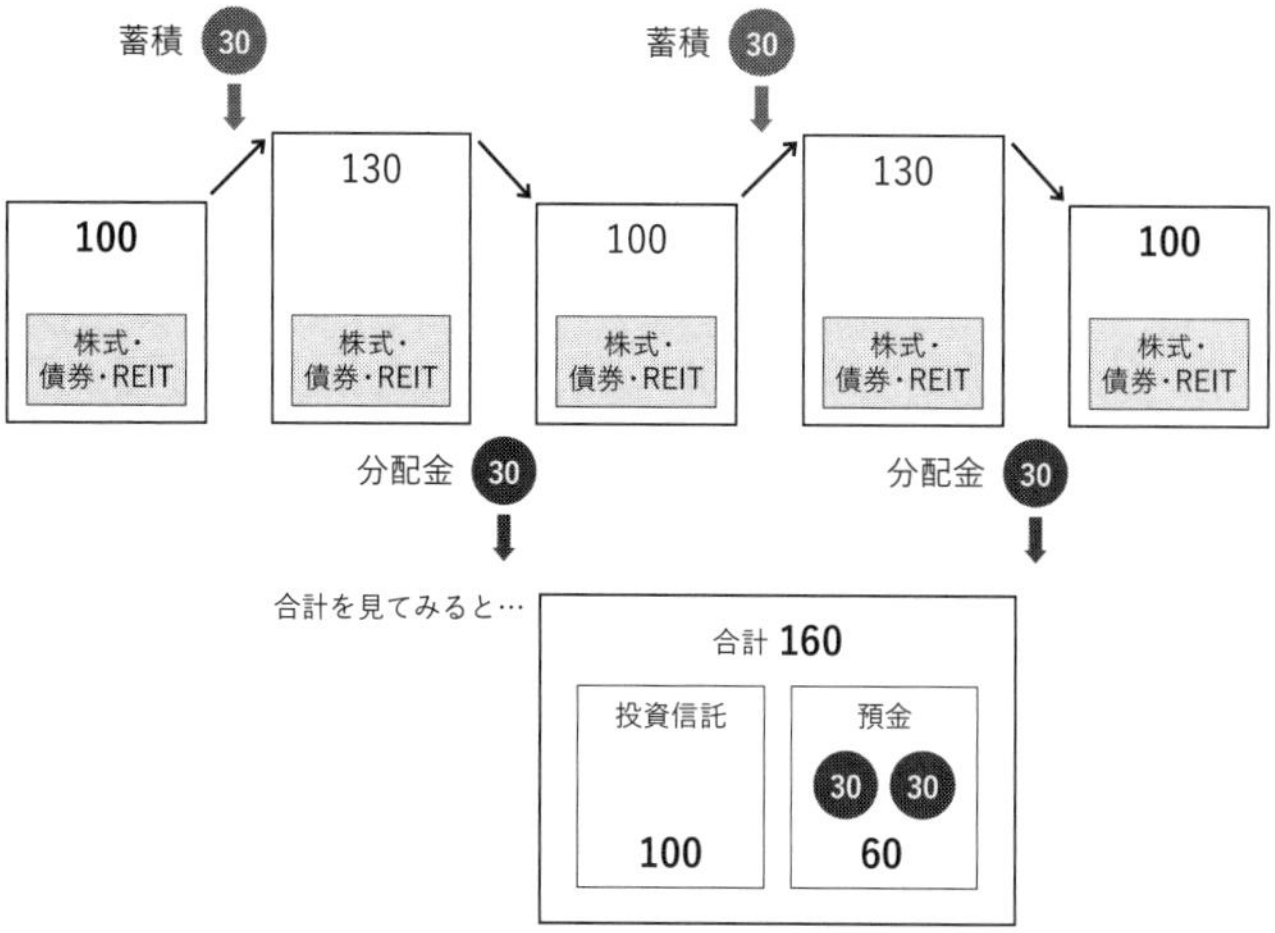

EITからは家賃が蓄積され、仮に30が入ってきたとします。その場合、基準価額は１３０ですね。そこから30の分配金を出したとします。そして次にまた30が蓄積されて１３０になり、今度も30の分配金を出して１００になります。最終的に見たときに、投資信託は１００で値上がりしていない、ことになります。

しかし、合計を見ると、投資信託は１００で増えていませんが、預金には分配金の30が2回分貯まっています。それで投資信託と預金を合わせると１６０になります。

ここで大切なのは投資信託だけではな

分配金パターン2

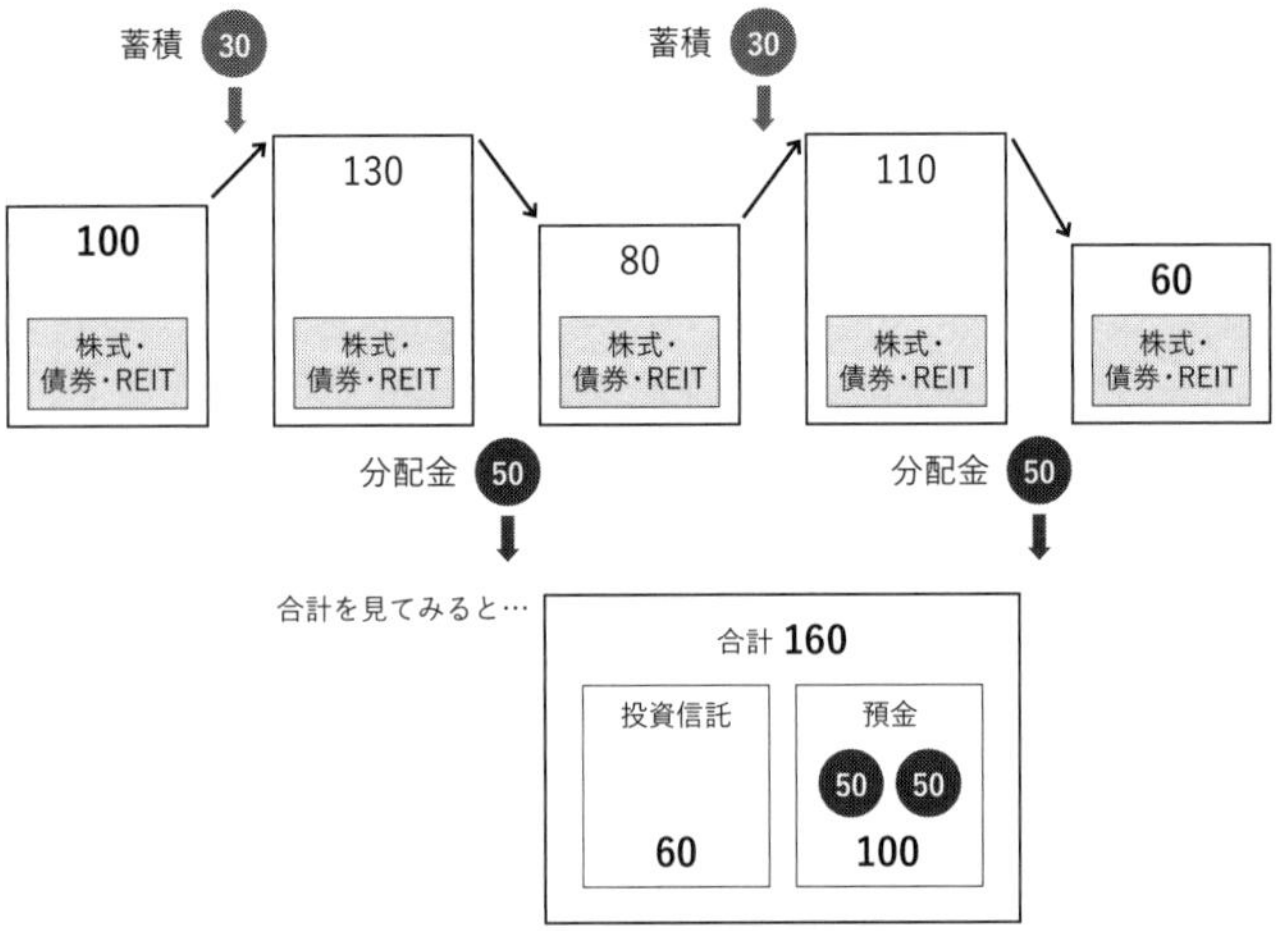

く、資産全体を見るということです。本質的な蓄積を見ると、100が160になっています。投資信託だけではなく預金も含めた資産はしっかり増えていますね。

次に上の図を見てください。

これは、ファンドの本質的な蓄積以上に分配金が多い場合です。タコ足配当とか呼ばれたりします。企業利益・金利・家賃などの本質的価値の蓄積と分配金の差額分、基準価額が下がっていきます。よくここで損をしていると思われがちですが、分配金は誰かにとられるわけではなく、自分の手元に入ってくるので、蓄積30と分配金50の差額は損でも得でもなく、投資信託から預金に資金を移動しただけなのです。合計を見てみると、基準価額は60に下がっていますが、分配金が合計100入っていますから合わせて160となります。つまり、本質的価値の蓄積である60は増えているのです。

本質的な蓄積よりも余分に分配金を出すと、基準価額は下がりますが、トータルのリターンでは増えていることを覚えておいてください。

よく「分配金を出す投資信託は良くない」といわれるのはこのケースを指しています。しかし、今までのお話の通り、損しているわけではなく、トータルのリターンでは増えています。

そこで、もうひとつ次ページの図をご覧いただきましょう。これは、逆に分配金を下げていったらどうなるでしょうか？ というものです。

この場合は、蓄積は今までの図と同じで30、ただし分配金は20となっています。手元に

分配金パターン3

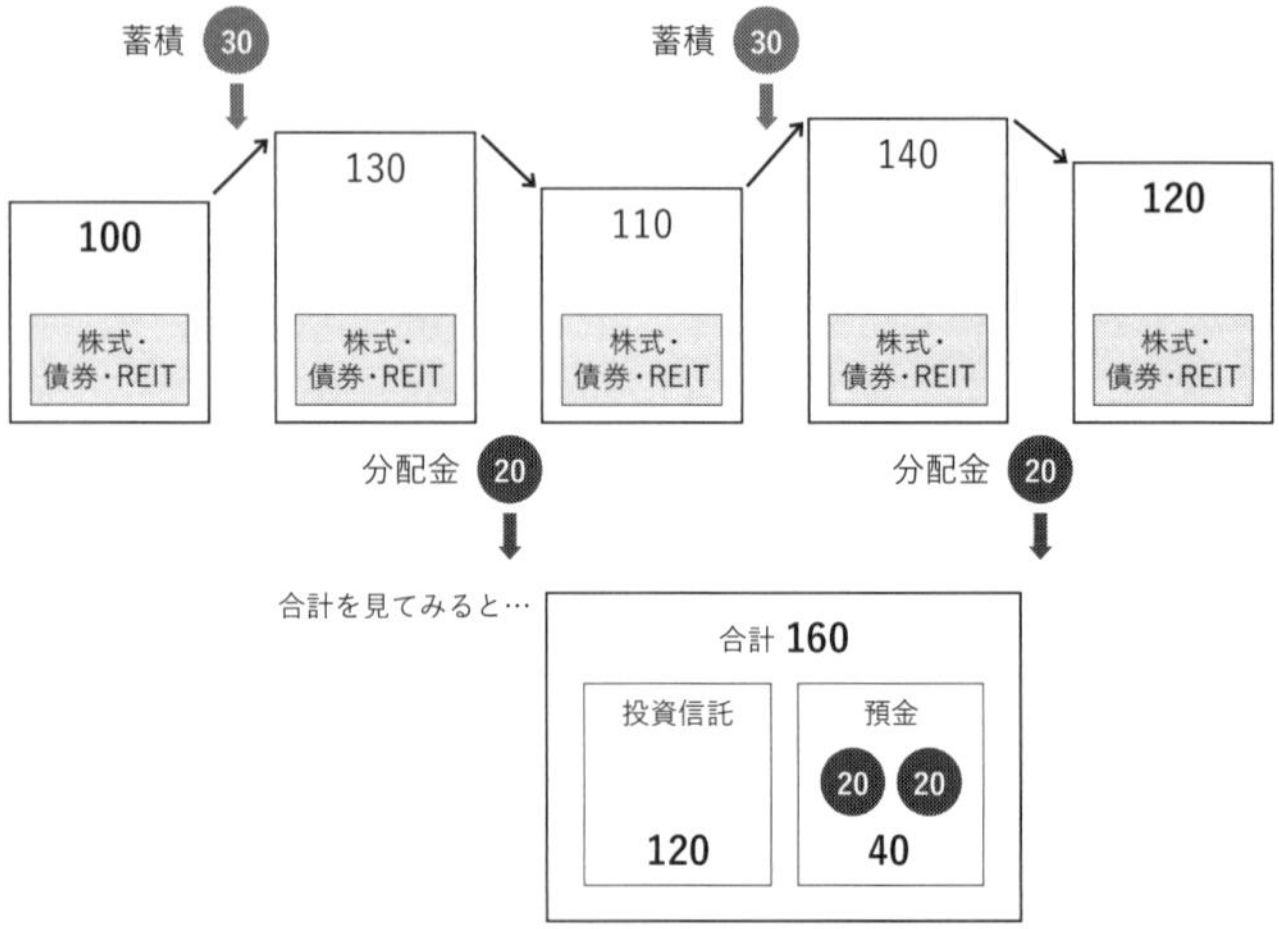

入る分配金は20しかありませんが、差額分の10が値上がりしていきます。基準価額は１２０になっていますね。分配金は、20が2回ありますから合計40になります。これで投資信託１２０＋2回分の分配金40で、トータル１６０になっています。

こうして見ると１６０という数字はこの3つの図で変わっていないのですが、型の違いで分配金が増えたり、基準価額が減ったりします。本質的なところでは、同じです。本質的蓄積の分が増えていることがわかりますね。

分配金パターン4

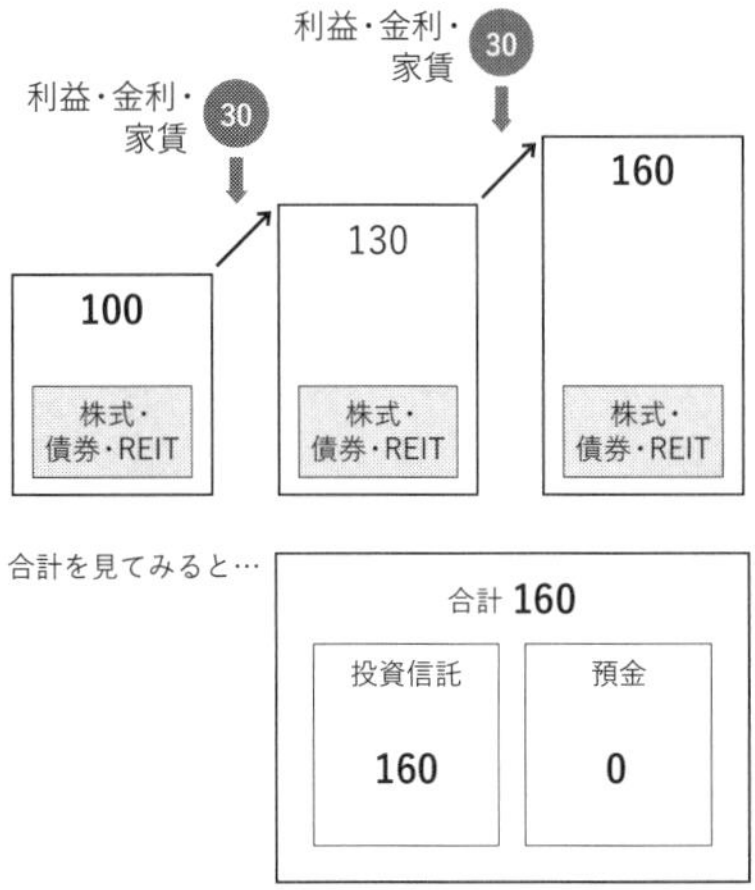

では、次は分配が一切出ないタイプのもの（「値上がり戦略」）をご説明しましょう。

これは100で投資信託を買って……というのは今までと同じです。30の蓄積があって130に増えました。分配はないため、そのまま投資信託に組み入れると、合計160になります。結果として100が160に増えています。基準価額は160に増えましたが、上図の通り預金は0のままです。投資信託だけで160です。

出口戦略を考えるときに大事なのは、

投資信託の基準価額、分配金も含めたトータルのリターン、つまり〝蓄積〟を見ることです。**「口数複利戦略」の「分配金＋基準価額」、「値上がり戦略」の「基準価額」が本質的な蓄積によって長期的に積み上がっていれば、安心できるといえるでしょう。**

もう一度、次ページの図で整理してみましょう。

分配金が出る投資信託は、基準価額が値上がりしづらい、と前にお話ししました。

そこで「口数複利戦略」を見てみましょう。①が基準価額、②が分配金込み基準価額です。1万口のままですが、これが先ほどの図でいう基準価額が100でトータルが160になったパターンです。しかし、口数複利は口数が増えるにしたがって、③のほうに矢印が上がります。実際には、計算を通して口数複利で加速していることを考慮しなければいけません。

「値上がり戦略」の④は、口数は変わらず、100が160になったパターンです。ただ、税金を先送りしているので、将来支払う税金を含んだ価額であることを忘れてはいけません。税引後の基準価額は⑤になります。

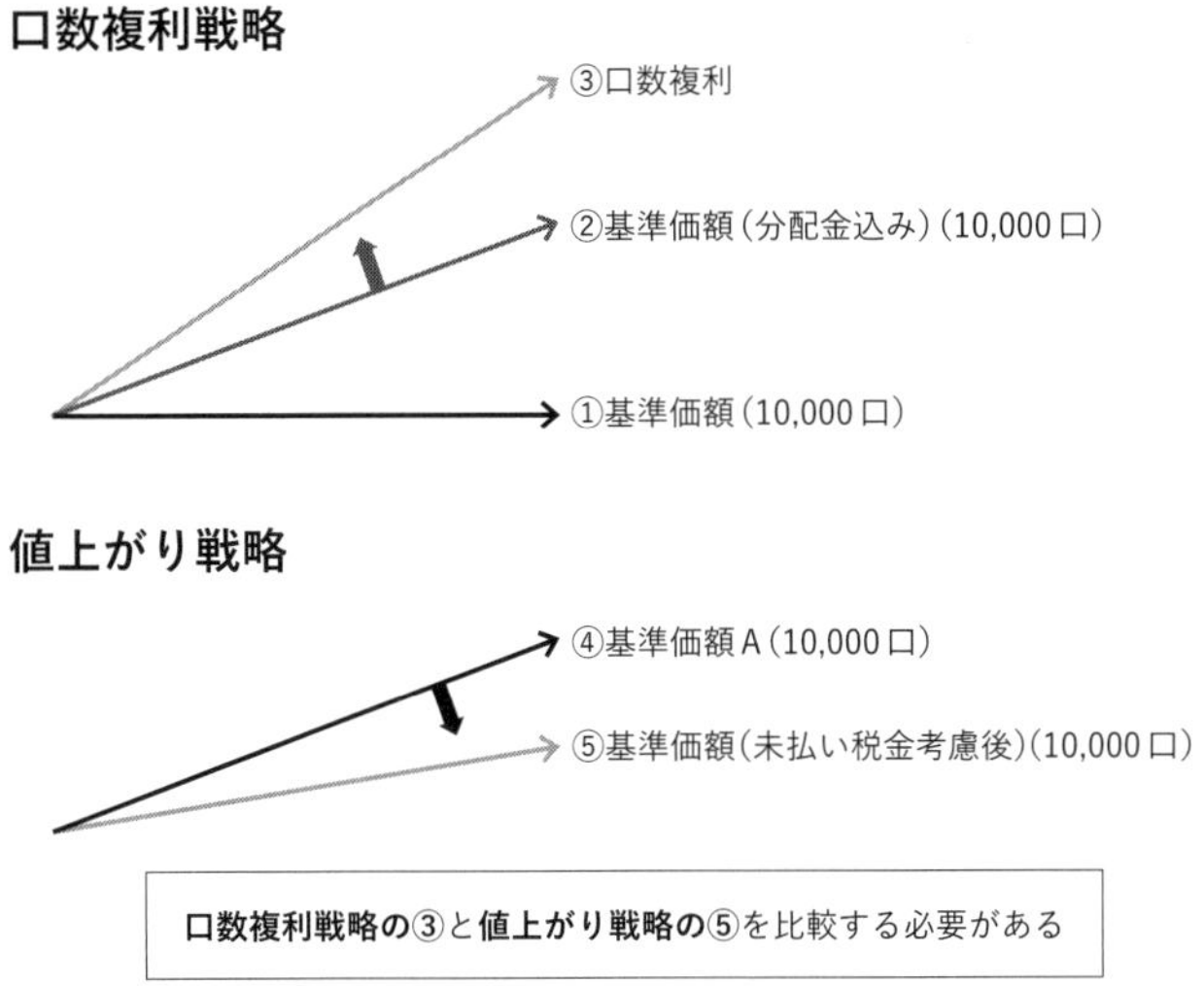

ですから、この図でいうと③と⑤を比べないと正しい比較にはなりません。

ただ、不思議なことなのですが、①のところばかり見て「分配型は基準価額が上がらないのでダメ」といわれるときがあります。株のように短期で売買するのなら「値上がり戦略」のほうがいいかもしれませんが、それではなかなか資産は増えていきません。

複利と時間を味方につけて、「ほったらかし投資」をするのでしたら「口数複利戦略」が断然使いやすく、おすすめとなるわけです。

現役時代は、分配金を受け取らず再投資、それを複利で回して時間を味方につける。ほったらかしながら、老後に分配金をもらう。

このことをもう一度思い出してください。本書の冒頭に2000万円問題のお話をしましたが、あの例では公的年金だけでは毎月5・5万円不足します。その状態で20〜30年続いたら……。人によっては2000万円以上の不足かもしれませんが、この不足分を補おう、というのが私のおすすめする「ほったらかし投資」です。

本章の最後にさまざまなシミュレーションを掲載しましたので、どれくらい老後不安の解消につながるかを確認してみてください。今からでも遅くはありません。この不安を少しでも解消するために準備していきましょう。

ＩＮＤＥＸ型よりもアクティブ型がおすすめな理由

ここでほんの少し専門的なお話をさせていただきますね。といっても難しい内容ではありませんので、安心して聞いてください。

投資信託には2種類の運用方法があります。ＩＮＤＥＸ（インデックス）型運用とアクティブ型運用です。

では、さっそくＩＮＤＥＸ型運用とアクティブ型運用の違いを簡単にご説明しましょう。

ＩＮＤＥＸ型運用は、市場全体の動きを示す基準である株や債券の指数（例えばＴＯＰＩＸや世界株指数など）の値動きに連動した運用成果を目指すものです。ですから、余計なテクニックなどもなく、特に初心者や素人にはわかりやすい、という特徴があります。

これに対して、私がおすすめしているのはアクティブ型運用です。アクティブ型運用とは、簡単にいうと、ＩＮＤＥＸ型のように市場の動き（平均）にただ連動するのではなく、市場の平均の上を目指す運用のことです。

でも、本当に「市場の平均よりも上を狙えるのかしら。下がり方も大きくて怖いのでは……」と、不安に思われる方がいらっしゃるかもしれません。ですが、市場の平均よりも上の成績を上げるためにプロのアナリストが銘柄の入念な調査を行い、ファンドマネジャーがリスクを減らすために銘柄の入れ替えなどをしているのです。そのため、ＩＮＤＥＸ型より多少コスト（信託報酬など）が高くなるケースが多いです。

さて、ＩＮＤＥＸ型の投信には手数料が非常に安いものもあり、一言でいってコストを抑えるという点でいえば、いい投資法です。ただ**「ほったらかし投資」はコストを抑えるためにやるわけではありません。**

ファンドにもよりますが、ＩＮＤＥＸ型運用より良い成績を上げているアクティブ型運用のファンドは、多数存在しています。**コストを抑えるために運用するわけではなく、コスト考慮後の実質リターンを最大化し、人生のゴールを実現するために運用するのです。**

自分のゴール達成のために最も貢献できる投資という観点から、選びましょう。これに今までお話ししてきた口数複利という強い味方をつければ、より加速度的にお金を増やしてくれます。これは、私がシミュレーションを何度も繰り返して、たどり着いた結論です。

世間では、一般的にＩＮＤＥＸ型運用のほうが、人気は上がってきています。しかし、ＩＮＤＥＸ型運用が広まり続けている状況に、若干の懸念を感じています。なぜなら、そもそもＩＮＤＥＸ型運用の前提は「〝市場は常に正しいもの〟だからそれに合わせる」という考えで市場の動きに連動させる（真似させる）ファンドなのです。

例えばＩＮＤＥＸファンドしかない市場だとしたら〝正しい姿〟にはならないのではないかと思うのです。本質から見て、割高すぎるバブル状態だとしても、正しいことになってしまうからです。逆に、本質から見て、異常に安いところまで下がってきたときも、正しいことになります。つまり、本質とはかけ離れた上下変動を加速させてしまう危険性があるのです。

そうなると市場の乱高下に拍車がかかり、正しく価格形成された安心できる市場ではなくなっていくのではないか、と懸念しています。

INDEX型とアクティブ型

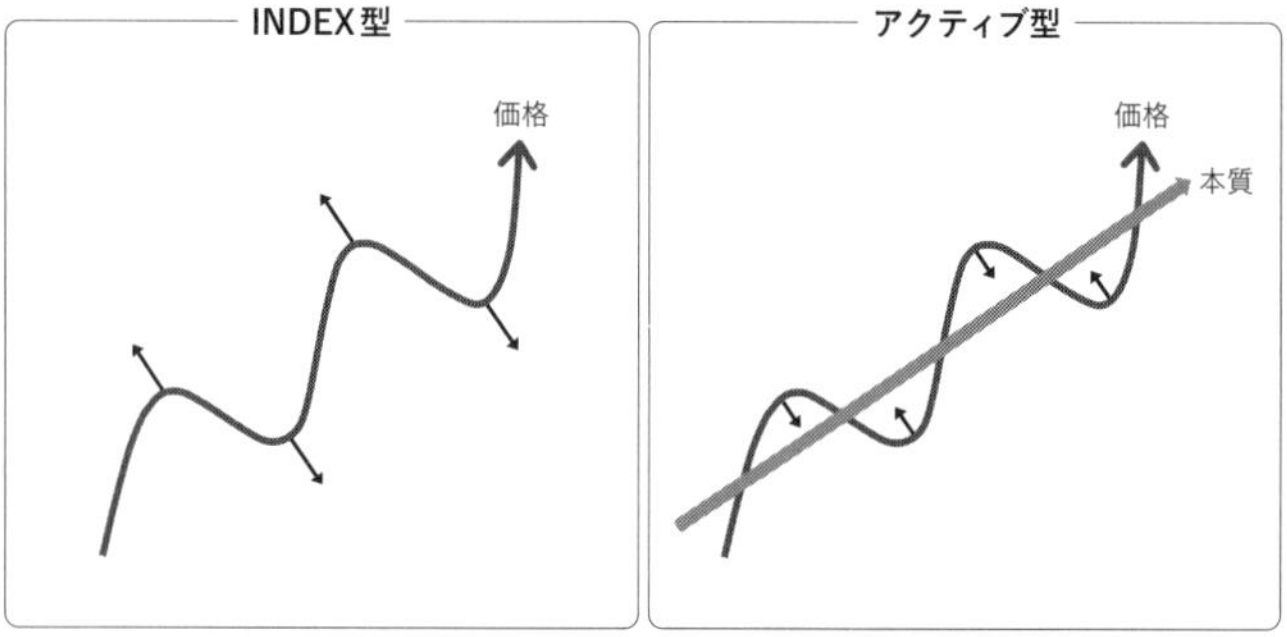

一方で「バブル状態においては見直されて売られ、異常に安いときには見直されて買われる」という動きがあってこそ、市場が正しく機能しているといえます。この機能はもとよりアクティブ型の運用が役割を発揮していたものです。

よって、私はお客様のゴール達成のためにコスト考慮後の実質リターンを最大化させるという観点、そして市場の正しい価格形成に貢献できるという観点から、アクティブ型運用を活用しています。

ただし、考え方はさまざまですし、この観点・方法だけが絶対正しいというのはどのやり方においてもないと思いますので、自分で調べながら、最善の投資方法を実行してください。

シミュレーション1-① 100万円を最初に入れた場合どうなるか？
基準価額、分配金が一定のケース

そもそも私が「ほったらかし投資」の良さを実感できたのは、数多くのシミュレーションを行ったからです。みなさんにとっても、置き場所を変えたお金がどう働いてくれるかを知るうえで欠かせないステップになるはずです。

では、まずひとつ目のシミュレーションを見てみましょう。

基準価額は2600円で一切値上がりせず、分配金は30円のまま一定と仮定します。必ずしも、一定と決まっているわけではないのですが、ひとつのシミュレーションとしてご覧ください。

口数複利戦略 元金100万円 基準価額一定／分配金一定のケース

設定条件

元金：1,000,000円／購入手数料：3%／消費税：10%／分配金に対する税率：20.315%／基準価額と分配金は仮定の値

	経過月	基準価額	分配金	保有口数	税引後分配金	時価	時価＋累計受取分配金
1年目	1	2,600	30	3,723,286	8,901	968,054	968,054
	2	2,600	30	3,757,521	8,983	976,955	976,955
	3	2,600	30	3,792,071	9,066	985,938	985,938
	4	2,600	30	3,826,941	9,149	995,005	995,005
	5	2,600	30	3,862,130	9,234	1,004,154	1,004,154
	6	2,600	30	3,897,646	9,318	1,013,388	1,013,388
	7	2,600	30	3,933,485	9,404	1,022,706	1,022,706
	8	2,600	30	3,969,655	9,490	1,032,110	1,032,110
	9	2,600	30	4,006,155	9,578	1,041,600	1,041,600
	10	2,600	30	4,042,994	9,665	1,051,178	1,051,178
	11	2,600	30	4,080,168	9,755	1,060,844	1,060,844
	12	2,600	30	4,117,688	9,845	1,070,599	1,070,599
10年目	109	2,600	30	10,005,511	23,920	2,601,433	2,601,433
	110	2,600	30	10,097,511	24,139	2,625,353	2,625,353
	111	2,600	30	10,190,354	24,362	2,649,492	2,649,492
	112	2,600	30	10,284,054	24,586	2,673,854	2,673,854
	113	2,600	30	10,378,616	24,811	2,698,440	2,698,440
	114	2,600	30	10,474,043	25,040	2,723,251	2,723,251
	115	2,600	30	10,570,351	25,270	2,748,291	2,748,291
	116	2,600	30	10,667,544	25,502	2,773,561	2,773,561
	117	2,600	30	10,765,629	25,736	2,799,064	2,799,064
	118	2,600	30	10,864,614	25,973	2,824,800	2,824,800
	119	2,600	30	10,964,511	26,212	2,850,773	2,850,773
	120	2,600	30	11,065,327	26,453	2,876,985	2,876,985
20年目	229	2,600	30	30,007,710	71,736	7,802,005	7,802,005
	230	2,600	30	30,283,618	72,395	7,873,741	7,873,741
	231	2,600	30	30,562,061	73,061	7,946,136	7,946,136
	232	2,600	30	30,843,065	73,733	8,019,197	8,019,197
	233	2,600	30	31,126,654	74,410	8,092,930	8,092,930
	234	2,600	30	31,412,847	75,095	8,167,340	8,167,340
	235	2,600	30	31,701,674	75,786	8,242,435	8,242,435
	236	2,600	30	31,993,159	76,482	8,318,221	8,318,221
	237	2,600	30	32,287,321	77,185	8,394,703	8,394,703
	238	2,600	30	32,584,187	77,895	8,471,889	8,471,889
	239	2,600	30	32,883,784	78,611	8,549,784	8,549,784
	240	2,600	30	33,186,134	79,334	8,628,395	8,628,395

そこで投入した100万円は、どうなっているでしょうか？　手数料3％、消費税10％を加味すると、買える口数は372万3286口です。そして1万口あたりの分配金は、30円として税引き前分配金は1万1170円、そこから20・315％の税金を引いて手取りが8901円となります。

もし、買ってすぐ売るとしたら、時価は「手数料＋税金」分が目減りしますから、96万8054円となります。ここで8901円の分配金を再投資しますと、基準価額は2600円のままですが口数が増えて、その口数に応じて毎月30円の分配金が支払われます。

結果として翌月は、分配金も8901円から8983円に増えています。

そして、さらに再投資しますから、口数も分配金も増えていきます。この表にある通り、分配金を毎月再投資することで、口数が着々と積み上がっていき、あなたの資産は分厚くなっていきます。口数複利が回り始めるわけですね。

このシミュレーションですと、基準価額は上がっていません。ただ、**口数が積み上がっているので、時価としてはしっかり増えていることを見落とさないでください。**この仕組みで再投資を繰り返していくと、例えば10年目（120カ月目）は、どうなっているでしょうか。

基準価額は、値上がりせずに2600円のまま、分配金は30円のままで一切変わっていません。ここまで見ると「なんだ、全然上がらなかった」と思われるかもしれませんが、重要なのはここから先です。分配金を再投資していますから、口数は約1100万口を超えています。分配金は1万口あたり30円ですから、約1100万口となると分配金は約2万6000円に増加しています。時価は「口数×基準価額」ですから、約287万円に増えています。

分配金はいつでも受け取りに切り替えられます。そのため50歳から始めた人は、10年目から毎月受け取ればいいのです。もし、若い人が60歳で受け取る場合は、再投資期間が長くなりますから、毎月の分配金はさらに高くなります。こちらのシミュレーションは基準価額も分配金も一定にしていますが、毎月着々と積み上がった口数だけは裏切らないことはおわかりいただけると思います。

一方、「値上がり戦略」だとどうなるのか、をご説明しましょう。次ページを見てください。

「値上がり戦略」の時価は、未払い税金分の20・315％を引いて計算します。例えば10％複利で回った場合のところをご覧ください。

先ほどの口数複利でしたら、10年後に約２８７万円でしたね。「値上がり戦略」の税引き後ですと、約２２７万円（税引き前は約２６０万円）となります。

このシミュレーションでいくと、「値上がり戦略」に比べ「口数複利戦略」のほうが結果として運用成績が良いことになります。

例えば、20年目はどうなるでしょうか。

まず、「口数複利戦略」では基準価額が一切上がらないままだとしても、口数だけは着々と積み上がっていきます。

約３３００万口、基準価額と口数をかけた時価は、約８６２万円にもなります。

では、「値上がり戦略」だとどうでしょうか。税引き後では、約５８０万円（税引き前は約７０４万円）というシミュレーション結果が出ています。

値上がり戦略 元金100万円を運用（税引き後）

設定条件

元金：1,000,000円／購入手数料：3%／消費税：10%／分配金に対する税率：20.315%／基準価額は仮定の値

	経過月	0.01%	3%	5%	7%	9%	10%
1年目	1	968,054	968,054	968,054	968,054	968,054	968,054
	2	968,062	970,474	972,088	973,701	975,315	976,121
	3	968,070	972,901	976,138	979,381	982,629	984,256
	4	968,078	975,333	980,205	985,094	989,999	992,458
	5	968,086	977,771	984,290	990,841	997,424	1,000,580
	6	968,095	980,216	988,391	996,620	1,003,908	1,007,226
	7	968,103	982,666	992,509	1,001,940	1,009,914	1,013,926
	8	968,111	985,123	996,645	1,006,599	1,015,965	1,020,683
	9	968,119	987,586	1,000,635	1,011,286	1,022,061	1,027,495
	10	968,127	990,055	1,003,958	1,016,000	1,028,203	1,034,365
	11	968,135	992,530	1,007,295	1,020,742	1,034,391	1,041,292
	12	968,143	995,011	1,010,645	1,025,511	1,040,625	1,048,276
10年目	109	968,926	1,213,308	1,411,806	1,648,879	1,931,940	2,093,411
	110	968,934	1,215,834	1,416,842	1,657,312	1,944,906	2,109,163
	111	968,942	1,218,365	1,421,899	1,665,795	1,957,969	2,125,046
	112	968,950	1,220,903	1,426,977	1,674,327	1,971,130	2,141,062
	113	968,958	1,223,448	1,432,077	1,682,909	1,984,390	2,157,211
	114	968,966	1,225,999	1,437,197	1,691,541	1,997,749	2,173,495
	115	968,974	1,228,556	1,442,339	1,700,223	2,011,209	2,189,915
	116	968,982	1,231,119	1,447,502	1,708,956	2,024,769	2,206,471
	117	968,990	1,233,689	1,452,687	1,717,740	2,038,431	2,223,165
	118	968,999	1,236,265	1,457,894	1,726,575	2,052,196	2,239,999
	119	969,007	1,238,848	1,463,122	1,735,462	2,066,064	2,256,973
	120	969,015	1,241,438	1,468,371	1,744,400	2,080,035	2,274,088
20年目	229	969,895	1,566,211	2,193,818	3,108,575	4,441,031	5,320,164
	230	969,903	1,569,618	2,202,113	3,125,524	4,472,815	5,362,806
	231	969,911	1,573,035	2,210,442	3,142,571	4,504,838	5,405,803
	232	969,920	1,576,459	2,218,805	3,159,718	4,537,100	5,449,158
	233	969,928	1,579,892	2,227,204	3,176,964	4,569,605	5,492,875
	234	969,936	1,583,334	2,235,637	3,194,311	4,602,353	5,536,956
	235	969,944	1,586,785	2,244,106	3,211,760	4,635,347	5,581,404
	236	969,952	1,590,244	2,252,610	3,229,310	4,668,589	5,626,223
	237	969,960	1,593,712	2,261,149	3,246,963	4,702,080	5,671,415
	238	969,968	1,597,188	2,269,724	3,264,718	4,735,822	5,716,984
	239	969,976	1,600,673	2,278,335	3,282,577	4,769,817	5,762,933
	240	969,984	1,604,167	2,286,982	3,300,541	4,804,067	5,809,264

20年後では「口数複利戦略」と「値上がり戦略」の差がさらに広がりました。分配型の口数複利のほうがこの場合も成績が良いわけですね。

比べてみると、どうでしょうか。10年目以降の加速が違うことがおわかりいただけたのではないでしょうか。さらに30年、40年後を考えたら……。10年、20年以上置き場所を変えただけで、こんなにもお金は働いてくれるのです。なるべく早いうちに投資信託という職場に就職させてあげると、お金も喜ぶのではないでしょうか。

もちろん、シミュレーションですから、必ずしもこのようにいくとは限りません。しかし私の経験上、短期的相場の上下はあっても、**長期的に見れば見るほど、株式からの企業利益、債券からの金利、REITからの家賃によって、着々と蓄積されていきます。**さらに、安いときは、口数が増えるので複利が加速するし、またドルコスト平均法による平準化効果も発揮していきます。シミュレーションによって意外な側面が見えてくるのです。

少しでも若い現役時代から始めていただければ、**現役時代は口数複利、引退後は投資信**

託自体は売らずに分配金を受け取っていくことで、**老後足りない公的年金を補える〝自分年金〟が増えるのです。**

「少しでも早く始める」これが重要なキーワードです。

シミュレーション1-② 100万円を最初に入れた場合どうなるか？

基準価額が下がり、分配金が一定のケース

次に基準価額が毎年100円ペースで下がった場合を見てみましょう。

まずは100万円投入して、9532円の分配金が出ます。ここで再投資していきます。もし、本質的な「蓄積」以上に分配金を出すと、その差額分の基準価額が下がっていきます。この場合、毎月着々と基準価額は値下がりしていきます。**ただ裏を返すと、逆に安いときというのはより多く買えますから、口数は増えることになります。**

口数複利戦略 元金100万円 基準価額下落／分配金一定のケース

設定条件

元金：1,000,000円／購入手数料：3%／消費税：10%／分配金に対する税率：20.315%／基準価額と分配金は仮定の値

	経過月	基準価額	分配金	保有口数	税引後分配金	時価	時価＋累計受取分配金
1年目	1	2,600	30	3,723,286	9,532	968,054	968,054
	2	2,592	30	3,760,066	9,626	974,484	974,484
	3	2,583	30	3,797,328	9,721	980,976	980,976
	4	2,575	30	3,835,080	9,818	987,533	987,533
	5	2,567	30	3,873,332	9,916	994,155	994,155
	6	2,558	30	3,912,092	10,015	1,000,844	1,000,844
	7	2,550	30	3,951,367	10,115	1,007,599	1,007,599
	8	2,542	30	3,991,164	10,217	1,014,421	1,014,421
	9	2,533	30	4,031,495	10,320	1,021,312	1,021,312
	10	2,525	30	4,072,367	10,425	1,028,273	1,028,273
	11	2,517	30	4,113,791	10,531	1,035,304	1,035,304
	12	2,508	30	4,155,776	10,639	1,042,407	1,042,407
10年目	109	1,700	30	13,659,757	34,967	2,322,159	2,322,159
	110	1,692	30	13,866,459	35,496	2,345,743	2,345,743
	111	1,683	30	14,077,327	36,036	2,369,683	2,369,683
	112	1,675	30	14,292,468	36,587	2,393,988	2,393,988
	113	1,667	30	14,511,990	37,149	2,418,665	2,418,665
	114	1,658	30	14,736,005	37,722	2,443,721	2,443,721
	115	1,650	30	14,964,624	38,308	2,469,163	2,469,163
	116	1,642	30	15,197,973	38,905	2,495,001	2,495,001
	117	1,633	30	15,436,167	39,515	2,521,241	2,521,241
	118	1,625	30	15,679,337	40,137	2,547,892	2,547,892
	119	1,617	30	15,927,608	40,773	2,574,963	2,574,963
	120	1,608	30	16,181,119	41,422	2,602,463	2,602,463
20年目	229	700	30	204,001,569	522,212	14,280,110	14,280,110
	230	692	30	211,551,623	541,539	14,632,321	14,632,321
	231	683	30	219,476,584	561,826	14,997,567	14,997,567
	232	675	30	227,799,933	583,132	15,376,495	15,376,495
	233	667	30	236,546,913	605,523	15,769,794	15,769,794
	234	658	30	245,744,731	629,068	16,178,195	16,178,195
	235	650	30	255,422,701	653,842	16,602,476	16,602,476
	236	642	30	265,612,447	679,926	17,043,465	17,043,465
	237	633	30	276,348,121	707,408	17,502,048	17,502,048
	238	625	30	287,666,649	736,382	17,979,166	17,979,166
	239	617	30	299,607,979	766,949	18,475,825	18,475,825
	240	608	30	312,215,360	799,222	18,993,101	18,993,101

さて、10年後（120カ月後）どうなっているでしょうか。基準価額は1608円ほどになりますが、口数は約1600万口になります。ここでの時価は、約260万円になっています。

分配金は4万円ほどになっています。

ここで178ページの「値上がり戦略」と比較すると税引き後227万円ということで10％複利で着々と値上がりしていくパターンより上をいっていたということになります。

それではこのままで20年後にはどうなっているでしょうか。基準価額は年々値下がりしていくので、再投資された分配金でさらに多く買えるようになります。

20年（240カ月）で基準価額が608円まで下がった場合、加速度的に口数が積み上がり、時価は「基準価額×口数」＝約1900万円にもなります。予想以上に増えていることがシミュレーション結果からわかります。

178ページの「値上がり戦略」と比較すると、年率10％値上がりした場合も10年後の税引き後の時価が約227万円、20年後の税引き後の時価が約580万円でしたから、今回は断然それよりも増えているということになりますね。

もし、このような値下がりしている中、11年目から毎月受け取りに変えた場合、どうなるのでしょうか？

11年目から毎月受け取ると、再投資をしない分、口数は一定となります。「基準価額×口数」が時価ですので、基準価額が低下すると、その分時価は下がります。ただし、毎月約4・2万円の分配金が出て、手元に積み上がっていきます。投資元本100万円が回収されるのは、受け取り始めて2年目のところです。そして、このシミュレーションの場合、時価と受け取り累計分配金を足すと、11年ほどで3倍になっている計算になります。

11年目から毎月受け取りに切り替えた場合

	経過月	基準価額	分配金	保有口数	税引後分配金	時価	累計受取分配金	時価＋累計受取分配金
11年目（受け取り1年目）	121	1,600	30	16,440,007	42,084	2,630,401	42,084	2,672,485
	122	1,592	30	16,440,007	42,084	2,616,701	84,168	2,700,869
	123	1,583	30	16,440,007	42,084	2,603,001	126,252	2,729,253
	124	1,575	30	16,440,007	42,084	2,589,301	168,336	2,757,637
	125	1,567	30	16,440,007	42,084	2,575,601	210,420	2,786,021
	126	1,558	30	16,440,007	42,084	2,561,901	252,504	2,814,405
	127	1,550	30	16,440,007	42,084	2,548,201	294,588	2,842,789
	128	1,542	30	16,440,007	42,084	2,534,501	336,672	2,871,173
	129	1,533	30	16,440,007	42,084	2,520,801	378,756	2,899,557
	130	1,525	30	16,440,007	42,084	2,507,101	420,840	2,927,941
	131	1,517	30	16,440,007	42,084	2,493,401	462,924	2,956,325
	132	1,508	30	16,440,007	42,084	2,479,701	505,008	2,984,709
12年目（受け取り2年目）	133	1,500	30	16,440,007	42,084	2,466,001	547,092	3,013,093
	134	1,492	30	16,440,007	42,084	2,452,301	589,176	3,041,477
	135	1,483	30	16,440,007	42,084	2,438,601	631,260	3,069,861
	136	1,475	30	16,440,007	42,084	2,424,901	673,344	3,098,245
	137	1,467	30	16,440,007	42,084	2,411,201	715,428	3,126,629
	138	1,458	30	16,440,007	42,084	2,397,501	757,512	3,155,013
	139	1,450	30	16,440,007	42,084	2,383,801	799,596	3,183,397
	140	1,442	30	16,440,007	42,084	2,370,101	841,680	3,211,781
	141	1,433	30	16,440,007	42,084	2,356,401	883,764	3,240,165
	142	1,425	30	16,440,007	42,084	2,342,701	925,848	3,268,549
	143	1,417	30	16,440,007	42,084	2,329,001	967,932	3,296,933
	144	1,408	30	16,440,007	42,084	2,315,301	1,010,016	3,325,317
13年目（受け取り3年目）	145	1,400	30	16,440,007	42,084	2,301,601	1,052,100	3,353,701
	146	1,392	30	16,440,007	42,084	2,287,901	1,094,184	3,382,085
	147	1,383	30	16,440,007	42,084	2,274,201	1,136,268	3,410,469
	148	1,375	30	16,440,007	42,084	2,260,501	1,178,352	3,438,853
	149	1,367	30	16,440,007	42,084	2,246,801	1,220,436	3,467,237
	150	1,358	30	16,440,007	42,084	2,233,101	1,262,520	3,495,621
	151	1,350	30	16,440,007	42,084	2,219,401	1,304,604	3,524,005
	152	1,342	30	16,440,007	42,084	2,205,701	1,346,688	3,552,389
	153	1,333	30	16,440,007	42,084	2,192,001	1,388,772	3,580,773
	154	1,325	30	16,440,007	42,084	2,178,301	1,430,856	3,609,157
	155	1,317	30	16,440,007	42,084	2,164,601	1,472,940	3,637,541
	156	1,308	30	16,440,007	42,084	2,150,901	1,515,024	3,665,925

シミュレーション1-③　100万円を最初に入れた場合どうなるか？

基準価額が下がり、分配金も下がるケース

例えば、基準価額が毎年100円ペースで着々と下がり、分配金も30円↓10円と徐々に下がっていった場合の口数複利をシミュレーションしてみましょう。

次ページを見てください。口数は積み上がり、10年後には100万円が145万円になっています。「値上がり戦略」の178ページの図と比べて、この場合は年率5％複利と同等の結果になりました。

20年後には、結果として100万円が169万円になっています。この場合は年率3％複利とほぼ同じ結果です。基準価額・分配金の動きだけで判断せずに、実際には計算してみないとわからない部分があるといえます。

もちろん基準価額はいつも変動しますし、運用成績は投資信託の組み合わせ次第なので、

口数複利戦略 元金100万円 基準価額下落／分配金下落のケース

設定条件

元金：1,000,000円／購入手数料：3%／消費税：10%／分配金に対する税率：20.315%／基準価額と分配金は仮定の値

	経過月	基準価額	分配金	保有口数	税引後分配金	時価	時価＋累計受取分配金
1年目	1	2,600	30	3,723,286	9,532	968,054	968,054
	2	2,592	30	3,760,066	9,626	974,484	974,484
	3	2,583	30	3,797,328	9,721	980,976	980,976
	4	2,575	30	3,835,080	9,818	987,533	987,533
	5	2,567	30	3,873,332	9,916	994,155	994,155
	6	2,558	30	3,912,092	10,015	1,000,844	1,000,844
	7	2,550	30	3,951,367	10,115	1,007,599	1,007,599
	8	2,542	30	3,991,164	10,217	1,014,421	1,014,421
	9	2,533	30	4,031,495	10,320	1,021,312	1,021,312
	10	2,525	30	4,072,367	10,425	1,028,273	1,028,273
	11	2,517	30	4,113,791	10,531	1,035,304	1,035,304
	12	2,508	30	4,155,776	10,639	1,042,407	1,042,407
10年目	109	1,700	10	8,457,313	8,171	1,437,743	1,437,743
	110	1,692	10	8,505,615	8,218	1,438,867	1,438,867
	111	1,683	10	8,554,435	8,265	1,439,997	1,439,997
	112	1,675	10	8,603,779	8,313	1,441,133	1,441,133
	113	1,667	10	8,653,657	8,361	1,442,276	1,442,276
	114	1,658	10	8,704,076	8,410	1,443,426	1,443,426
	115	1,650	10	8,755,046	8,459	1,444,583	1,444,583
	116	1,642	10	8,806,573	8,509	1,445,746	1,445,746
	117	1,633	10	8,858,669	8,559	1,446,916	1,446,916
	118	1,625	10	8,911,340	8,610	1,448,093	1,448,093
	119	1,617	10	8,964,598	8,662	1,449,277	1,449,277
	120	1,608	10	9,018,455	8,714	1,450,468	1,450,468
20年目	229	700	10	23,644,815	22,845	1,655,137	1,655,137
	230	692	10	23,975,105	23,164	1,658,278	1,658,278
	231	683	10	24,314,091	23,491	1,661,463	1,661,463
	232	675	10	24,662,106	23,828	1,664,692	1,664,692
	233	667	10	25,019,526	24,173	1,667,968	1,667,968
	234	658	10	25,386,711	24,528	1,671,292	1,671,292
	235	650	10	25,764,065	24,892	1,674,664	1,674,664
	236	642	10	26,151,993	25,267	1,678,086	1,678,086
	237	633	10	26,550,946	25,652	1,681,560	1,681,560
	238	625	10	26,961,378	26,049	1,685,086	1,685,086
	239	617	10	27,383,795	26,457	1,688,667	1,688,667
	240	608	10	27,818,705	26,877	1,692,305	1,692,305

予想外の動きをすることもあります。しかし、多岐にわたるシミュレーションを何パターンも試しましたが、確率的にはいい結果が出ています。**口数というのが、大きな決め手になっているのです。**預貯金からお金を移すには、最適な置き場所といえるでしょう。

シミュレーション2-①　毎月2万円を積み立てしていったらどうなるか？

基準価額、分配金が一定のケース

今回は、基準価額と分配金は一定で、毎月2万円を積み立てるケースです。このやり方は、投入資金が少ないという若い人におすすめです。

最初は分配金も200円弱しかありませんが、これに毎月の積み立て2万円を合わせて回していきます。つまり分配金の再投資、資金の投入ということを毎月繰り返していきます。それを10年続けていくと、結果として240万円が約420万円になっています。

口数複利戦略　毎月2万円積み立て 基準価額一定／分配金一定のケース

設定条件

元金：（積み立て）2万円/月／購入手数料：3%／消費税：10%／分配金に対する税率：20.315%／基準価額と分配金は仮定の値

	経過月	基準価額	分配金	保有口数	税引後分配金	累計投資元本	時価	時価＋累計受取分配金
1年目	1	2,600	30	74,466	179	20,000	19,361	19,361
	2	2,600	30	149,621	358	40,000	38,901	38,901
	3	2,600	30	225,464	540	60,000	58,621	58,621
	4	2,600	30	302,007	723	80,000	78,522	78,522
	5	2,600	30	379,254	907	100,000	98,606	98,606
	6	2,600	30	457,209	1,094	120,000	118,874	118,874
	7	2,600	30	535,883	1,282	140,000	139,330	139,330
	8	2,600	30	615,280	1,471	160,000	159,973	159,973
	9	2,600	30	695,404	1,664	180,000	180,805	180,805
	10	2,600	30	776,270	1,856	200,000	201,830	201,830
	11	2,600	30	857,875	2,052	220,000	223,048	223,048
	12	2,600	30	940,234	2,248	240,000	244,461	244,461
10年目	109	2,600	30	13,864,641	33,145	2,180,000	3,604,807	3,604,807
	110	2,600	30	14,066,588	33,628	2,200,000	3,657,313	3,657,313
	111	2,600	30	14,270,393	34,115	2,220,000	3,710,302	3,710,302
	112	2,600	30	14,476,071	34,607	2,240,000	3,763,778	3,763,778
	113	2,600	30	14,683,641	35,103	2,260,000	3,817,747	3,817,747
	114	2,600	30	14,893,119	35,604	2,280,000	3,872,211	3,872,211
	115	2,600	30	15,104,524	36,109	2,300,000	3,927,176	3,927,176
	116	2,600	30	15,317,871	36,619	2,320,000	3,982,646	3,982,646
	117	2,600	30	15,533,180	37,134	2,340,000	4,038,627	4,038,627
	118	2,600	30	15,750,470	37,653	2,360,000	4,095,122	4,095,122
	119	2,600	30	15,969,756	38,178	2,380,000	4,152,137	4,152,137
	120	2,600	30	16,191,061	38,707	2,400,000	4,209,676	4,209,676
20年目	229	2,600	30	57,771,629	138,107	4,580,000	15,020,624	15,020,624
	230	2,600	30	58,377,276	139,554	4,600,000	15,178,092	15,178,092
	231	2,600	30	58,988,489	141,016	4,620,000	15,337,007	15,337,007
	232	2,600	30	59,605,325	142,490	4,640,000	15,497,385	15,497,385
	233	2,600	30	60,227,830	143,979	4,660,000	15,659,236	15,659,236
	234	2,600	30	60,856,062	145,481	4,680,000	15,822,576	15,822,576
	235	2,600	30	61,490,071	146,996	4,700,000	15,987,418	15,987,418
	236	2,600	30	62,129,907	148,525	4,720,000	16,153,776	16,153,776
	237	2,600	30	62,775,623	150,069	4,740,000	16,321,662	16,321,662
	238	2,600	30	63,427,278	151,627	4,760,000	16,491,092	16,491,092
	239	2,600	30	64,084,925	153,199	4,780,000	16,662,081	16,662,081
	240	2,600	30	64,748,618	154,785	4,800,000	16,834,641	16,834,641

値上がり戦略 毎月積み立て2万円を運用（税引き後）

設定条件
元金：（積み立て）2万円/月／購入手数料：3%／消費税：10%／分配金に対する税率：20.315%／基準価額は仮定の値

	経過月	0.01%	3.00%	5.00%	7.00%	9.00%	10.00%
10年目	109	2,091,947	2,357,757	2,550,470	2,768,359	3,015,070	3,150,524
	110	2,111,326	2,382,073	2,578,807	2,801,505	3,053,968	3,192,707
	111	2,130,705	2,406,441	2,607,245	2,834,821	3,093,128	3,235,208
	112	2,150,084	2,430,859	2,635,785	2,868,308	3,132,550	3,278,030
	113	2,169,463	2,455,328	2,664,426	2,901,966	3,172,238	3,321,174
	114	2,188,842	2,479,848	2,693,170	2,935,797	3,212,193	3,364,644
	115	2,208,222	2,504,419	2,722,017	2,969,801	3,252,417	3,408,442
	116	2,227,601	2,529,041	2,750,967	3,003,980	3,292,913	3,452,571
	117	2,246,981	2,553,715	2,780,021	3,038,335	3,333,681	3,497,035
	118	2,266,361	2,578,440	2,809,179	3,072,867	3,374,725	3,541,835
	119	2,285,741	2,603,217	2,838,441	3,107,576	3,416,046	3,586,974
	120	2,305,121	2,628,046	2,867,808	3,142,464	3,457,647	3,632,456
20年目	229	4,418,542	5,675,594	6,807,328	8,289,787	10,243,722	11,446,827
	230	4,437,940	5,706,986	6,851,370	8,352,297	10,333,178	11,554,083
	231	4,457,338	5,738,447	6,895,579	8,415,149	10,423,275	11,662,199
	232	4,476,737	5,769,976	6,939,955	8,478,343	10,514,017	11,771,182
	233	4,496,135	5,801,574	6,984,499	8,541,882	10,605,409	11,881,040
	234	4,515,534	5,833,241	7,029,212	8,605,769	10,697,456	11,991,779
	235	4,534,933	5,864,976	7,074,094	8,670,004	10,790,163	12,103,407
	236	4,554,332	5,896,781	7,119,146	8,734,590	10,883,535	12,215,931
	237	4,573,731	5,928,655	7,164,369	8,799,529	10,977,576	12,329,360
	238	4,593,130	5,960,599	7,209,764	8,864,824	11,072,293	12,443,699
	239	4,612,530	5,992,613	7,255,331	8,930,475	11,167,689	12,558,958
	240	4,631,929	6,024,696	7,301,070	8,996,486	11,263,771	12,675,143

「値上がり戦略」の税引き後の上図と比べて、この場合は年率10％複利（税引き後は約363万円、税引き前は約394万円）を上回る結果になりました。

20年後には、結果として480万円が約1680万円になっています。「値上がり戦略」の税引き後の図と比べて、この場合も年率10％複利（税引き後は約1268万円、税引き前は約1468万円）を上回る結果です。

シミュレーション2-②　毎月2万円を積み立てしていったらどうなるか？

基準価額が下がり、分配金が一定のケース

次に毎年１００円ペースで基準価額が着々と下がった場合に、月々２万円積み立てを行ったケースを見てみましょう。

基準価額が下がると、再投資、月々２万円投入により口数はさらに着々と積み上がります。10年（１２０カ月）後には、結果として２４０万円が約４１２万円になっています。１８９ページの「値上がり戦略」の税引き後と比べて、この場合は年率10％複利を上回る結果になっています。

20年（２４０カ月）後には、結果として４８０万円が約３８５０万円になっています。「値上がり戦略」の税引き後と比べても、この場合も年率10％複利を上回りました。

口数複利戦略 毎月2万円積み立て 基準価額下落／分配金一定のケース

設定条件

元金：(積み立て)2万円/月／購入手数料：3%／消費税：10%／分配金に対する税率：20.315%／基準価額と分配金は仮定の値

	経過月	基準価額	分配金	保有口数	税引後分配金	累計投資元本	時価	時価＋累計受取分配金
	1	2,600	30	74,466	191	20,000	19,361	19,361
	2	2,592	30	149,909	384	40,000	38,851	38,851
	3	2,583	30	226,343	580	60,000	58,472	58,472
	4	2,575	30	303,785	778	80,000	78,225	78,225
	5	2,567	30	382,250	979	100,000	98,111	98,111
1年目	6	2,558	30	461,756	1,183	120,000	118,133	118,133
	7	2,550	30	542,322	1,389	140,000	138,292	138,292
	8	2,542	30	623,962	1,598	160,000	158,590	158,590
	9	2,533	30	706,696	1,810	180,000	179,030	179,030
	10	2,525	30	790,543	2,024	200,000	199,612	199,612
	11	2,517	30	875,518	2,242	220,000	220,339	220,339
	12	2,508	30	961,645	2,462	240,000	241,213	241,213
	109	1,700	30	20,457,287	52,368	2,180,000	3,477,739	3,477,739
	110	1,692	30	20,881,302	53,453	2,200,000	3,532,420	3,532,420
	111	1,683	30	21,313,862	54,561	2,220,000	3,587,833	3,587,833
	112	1,675	30	21,755,189	55,690	2,240,000	3,643,994	3,643,994
	113	1,667	30	22,205,496	56,843	2,260,000	3,700,916	3,700,916
10年目	114	1,658	30	22,665,019	58,019	2,280,000	3,758,616	3,758,616
	115	1,650	30	23,133,990	59,220	2,300,000	3,817,108	3,817,108
	116	1,642	30	23,612,657	60,445	2,320,000	3,876,411	3,876,411
	117	1,633	30	24,101,267	61,696	2,340,000	3,936,540	3,936,540
	118	1,625	30	24,600,081	62,973	2,360,000	3,997,513	3,997,513
	119	1,617	30	25,109,365	64,276	2,380,000	4,059,347	4,059,347
	120	1,608	30	25,629,389	65,608	2,400,000	4,122,060	4,122,060
	229	700	30	410,908,675	1,051,862	4,580,000	28,763,607	28,763,607
	230	692	30	426,396,239	1,091,507	4,600,000	29,492,407	29,492,407
	231	683	30	442,652,846	1,133,122	4,620,000	30,247,944	30,247,944
	232	675	30	459,726,670	1,176,828	4,640,000	31,031,550	31,031,550
	233	667	30	477,669,507	1,222,759	4,660,000	31,844,634	31,844,634
20年目	234	658	30	496,537,155	1,271,057	4,680,000	32,688,696	32,688,696
	235	650	30	516,389,742	1,321,876	4,700,000	33,565,333	33,565,333
	236	642	30	537,292,139	1,375,383	4,720,000	34,476,246	34,476,246
	237	633	30	559,314,415	1,431,757	4,740,000	35,423,246	35,423,246
	238	625	30	582,532,305	1,491,191	4,760,000	36,408,269	36,408,269
	239	617	30	607,027,745	1,553,895	4,780,000	37,433,378	37,433,378
	240	608	30	632,889,490	1,620,097	4,800,000	38,500,777	38,500,777

シミュレーション2－③ 毎月2万円を積み立てしていったらどうなるか？

基準価額が下がり、分配金も下がるケース

例えば、基準価額が毎年100円ペースで着々と下がり、分配金も30円↓10円と徐々に下がっていった場合、月2万円を投入したシミュレーションを見てみましょう。基準価額も分配金も下がってますが、口数は着々と積み上がっていきます。10年（120カ月）後には、結果として240万円が約267万円以上になり、20年（240カ月）後には、結果として480万円が約566万円になっています。189ページの「値上がり戦略」の税引き後と比べて、この場合は年率約3％複利よりは低く、別途で計算すると年率約2・3％複利という結果になりました。

21年目から毎月受け取りに切り替えると、約9万円弱の分配金が入ってきます。元本480万円を約4・4年で回収できる計算になり、預貯金を大きく超える結果となります。

口数複利戦略 毎月2万円積み立て 基準価額下落／分配金下落のケース

設定条件

元金：(積み立て) 2万円/月／購入手数料：3%／消費税：10%／分配金に対する税率：20.315%／基準価額と分配金は仮定の値

	経過月	基準価額	分配金	保有口数	税引後分配金	累計投資元本	時価	時価＋累計受取分配金
1年目	1	2,600	30	74,466	191	20,000	19,361	19,361
	2	2,592	30	149,909	384	40,000	38,851	38,851
	3	2,583	30	226,343	580	60,000	58,472	58,472
	4	2,575	30	303,785	778	80,000	78,225	78,225
	5	2,567	30	382,250	979	100,000	98,111	98,111
	6	2,558	30	461,756	1,183	120,000	118,133	118,133
	7	2,550	30	542,322	1,389	140,000	138,292	138,292
	8	2,542	30	623,962	1,598	160,000	158,590	158,590
	9	2,533	30	706,696	1,810	180,000	179,030	179,030
	10	2,525	30	790,543	2,024	200,000	199,612	199,612
	11	2,517	30	875,518	2,242	220,000	220,339	220,339
	12	2,508	30	961,645	2,462	240,000	241,213	241,213
10年目	109	1,700	10	14,356,630	13,871	2,180,000	2,440,627	2,440,627
	110	1,692	10	14,553,077	14,061	2,200,000	2,461,896	2,461,896
	111	1,683	10	14,751,625	14,253	2,220,000	2,483,190	2,483,190
	112	1,675	10	14,952,307	14,447	2,240,000	2,504,511	2,504,511
	113	1,667	10	15,155,156	14,643	2,260,000	2,525,859	2,525,859
	114	1,658	10	15,360,207	14,841	2,280,000	2,547,234	2,547,234
	115	1,650	10	15,567,493	15,041	2,300,000	2,568,636	2,568,636
	116	1,642	10	15,777,050	15,243	2,320,000	2,590,066	2,590,066
	117	1,633	10	15,988,913	15,448	2,340,000	2,611,522	2,611,522
	118	1,625	10	16,203,124	15,655	2,360,000	2,633,008	2,633,008
	119	1,617	10	16,419,720	15,864	2,380,000	2,654,521	2,654,521
	120	1,608	10	16,638,737	16,076	2,400,000	2,676,064	2,676,064
20年目	229	700	10	76,121,829	73,545	4,500,000	5,328,514	5,328,514
	230	692	10	77,464,851	74,843	4,600,000	5,357,986	5,357,986
	231	683	10	78,843,448	76,174	4,620,000	5,387,636	5,387,636
	232	675	10	80,258,783	77,542	4,640,000	5,417,468	5,417,468
	233	667	10	81,712,330	78,946	4,660,000	5,447,489	5,447,489
	234	658	10	83,205,603	80,389	4,680,000	5,477,702	5,477,702
	235	650	10	84,740,220	81,872	4,700,000	5,508,114	5,508,114
	236	642	10	86,317,880	83,396	4,720,000	5,538,731	5,538,731
	237	633	10	87,940,361	84,963	4,740,000	5,569,556	5,569,556
	238	625	10	89,609,547	86,576	4,760,000	5,600,597	5,600,597
	239	617	10	91,327,447	88,236	4,780,000	5,631,859	5,631,859
	240	608	10	93,096,167	89,945	4,800,000	5,663,350	5,663,350

□複利戦略の注意点

分配型の再投資を長く行っていると、**評価損益はマイナス印象なのに、トータルリターンは着実に増えているケースがあります。**この場合、評価損益の成績が悪いから「他のファンドに切り替えたほうがいい」と早急に判断しないでくださいね。実際には**毎月現金投入していないのに、再投資する分配金の分も毎月入金して購入していること**になるからです。税務的には、投入金額に対して減っているという表現になる場合があります。

やはり大事なのは、**トータルリターンが増えているかどうか**です。

また「元本＋分配金再投資分」に対して、何％増えているかという表現をしている場合があります。しかし、正味の元本に対してトータルリターンが何％なのかを計算しなければ、正確な値上がり率ではありません。ご注意ください。

また、運用レポートで推移を見る場合は、基準価額ではなく、分配金込み基準価額を確認しましょう。長期的に上がっていれば、ひとまず大丈夫です。一万口あたりの分配金込み基準価額なので、単利型における本質ということになります。

「値上がり戦略」と「口数複利戦略」の運用成績を比べる場合は、１６７ページでもお話ししましたが、「口数複利曲線」と「税引後の基準価額」を比較する必要があります。運用レポートには載っていないので、計算が必要になります。

この「口数複利戦略」についてお話しすると、分配金が出なくなったらどうなりますか？　と質問をいただくことがあります。

それは、型を変更して「値上がり戦略」と一体となるということを意味します。この場合、ファンドの蓄積によって、基準価額が年率何％というかたちで上昇していくのかを見守ることになります。ただし、これまで増やしてきた口数は売却しない限り減らないので、「口数複利戦略」が威力を発揮し、時価の上昇に期待ができます。

預貯金を、投資として考えてみる

改めて、預貯金と投資信託を比較してみましょう。あえて定期預金を投資信託のように考え、「預貯金戦略」として投資の型のように表現します。

例えば、100万円預けるとすれば、基準価額（1万円）×口数（1万口）となります。現役時代ですが、これは預金でお金を冷凍している状況といえるでしょう。蓄積しているのは預金金利だけです。今現在、定期預金で0・002%、普通預金で0・001%ですので、ほんの少ししか入ってきませんね。

次に引退後ですが、老後も相変わらず入ってくるのはわずかな金利だけです。ここで次ページの図の「預金引き出し」と書いてある部分に注目してください。老後の生活資金に

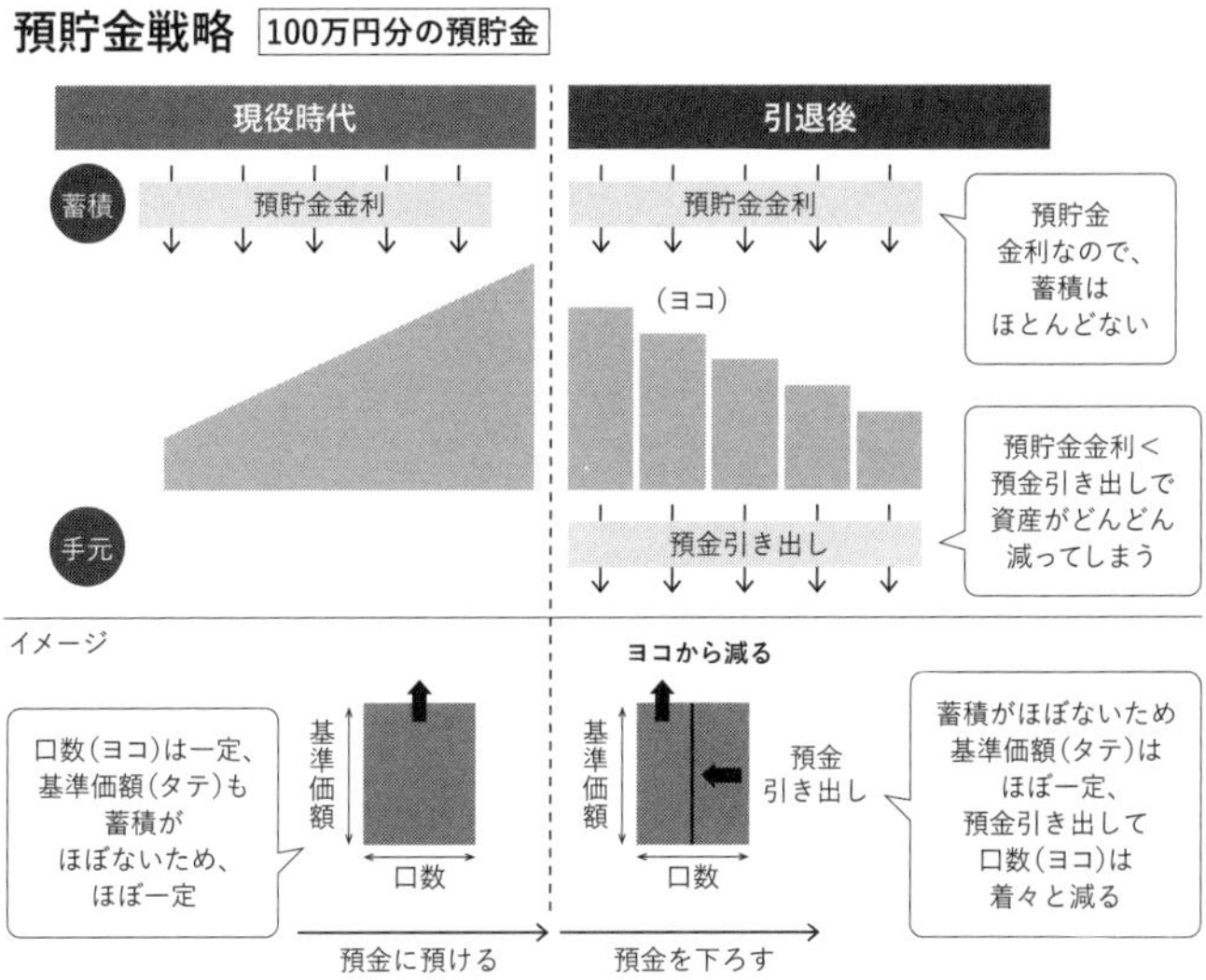

使うために、定期預金を引き出すと、口数が着々と減っていくことになります。基準価額は下がらないけど、口数が減って、すぐになくなってしまいますね。つまり、ニワトリを長年冷凍保存しておいて、老後になったら解凍して食べるというイメージです。

それでは、簡単に預貯金戦略のメリットとデメリットをまとめます。

まず、メリットとしては、元本が保証されている、投資信託でいうところの基準価額がほぼ変動しない安心感があります。

逆にデメリットは、ほぼ増えない、

インフレに負ける、老後は下ろすとすぐになくなることです。

やはり人生１００歳時代を考えると、「預貯金戦略」は最適な仕組みとはいえなさそうですね。

ちょっと知っ得！③

老後以外にも使える便利なお金

数字の話を続けましたので、みなさんもお疲れかもしれませんね。

「ほったらかし投資」の活用法について今までと違う話をしましょう。

実は、老後の生活費以外にも使い道があるのです。

例えば、今世の中は新型コロナの感染脅威にさらされています（2021年2月現在）。このコロナ禍で収入が減ってしまった方は、分配金の再投資を一時的に止めて、分配金を受け取り生活費の足しにされています。そういったことを自由にできるのもメリットです。今回のコロナ禍だけではなく、今後もこうした疫病や天変地異が起こらないとも限りません。もしもの備えにも、「ほったらかし投資」は役に立ってくれるのです。

また、教育資金対策にも力になってくれます。例えば子どもが生まれて、「さあ教育資金を貯めよう」というときに「ほったらかし投資」を始めたとします。大学入学までには18年ほど、複利と時間が味方になってくれていますから、投資信託の口数もしっかり増えているはずです。必要になれば再投資を一時的に止め、分配金を受け取りに切り替えれば、大学4年間の授業料のすべてとはいわないまでも大きな足しになります。そして子どもが大学を卒業したら、また分配金の再投資を続ければいいのです。

切替は自由ですから、あなたのその時々の家計状況に合わせ、分配金を上手に使っていただけるのも、この「ほったらかし投資」の利点です。ただしそれなりの時間と金利（複利）を味方につけないと効果が小さくなりますから、少しでも早くお金に働いてもらいましょう。

第6章

投資をした3家族のケーススタディ

ケーススタディで学ぼう

前章では、いろいろなシミュレーションを紹介しました。想定していた範囲だったでしょうか？　想像の上をいくものだったでしょうか？

この章では本書のしめくくりとして、ほったらかし投資をケース別に見てみます。少しでもお役に立てればと思います。

ここでは「値上がり戦略」、「口数複利戦略」を区別せずに、運用あり・なし、利回りの違いなどにより、運用というもうひとつの蛇口があるかないかで人生設計にどれだけの違いがあるかを見ていきます。

ケース①　夫37歳、妻34歳の4人家族の場合

プロフィール

- 夫＝37歳、妻＝34歳、長女＝7歳、長男＝4歳
- 収入：夫＝年収514万円（月36・7万円　賞与73・6万円）　妻＝パート月8万円（55歳まで）
- 支出：30万円（うち家賃10万円）
- 貯蓄：450万円
- 40歳住宅購入：4000万円
- 子どもは2人ともに公立中→公立高→私立文系（予定）
- 退職60歳：退職金1200万円
- 雇用延長65歳まで（月22万円）
- 公的年金：夫婦2人で月23万円
- 老後支出：月27万円

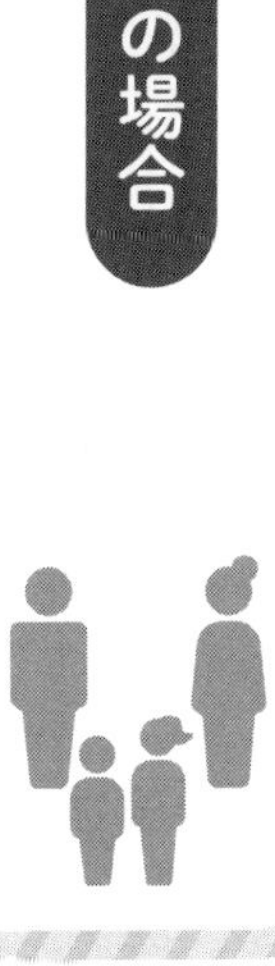

まずは「運用なし」の場合を試算してみます。次ページの図のパターン1です。縦軸が金融資産残高で、横軸が年齢です。年度別にプラスの年もマイナスの年もあり、結果として金融資産は増減します。一般的には、教育費がかかる際に貯蓄が減り、退職時にピークを迎え、引退後はその貯蓄を切り崩していくかたちとなります。このケースでは、お金が

ケース① 金融資産残高の推移（1）

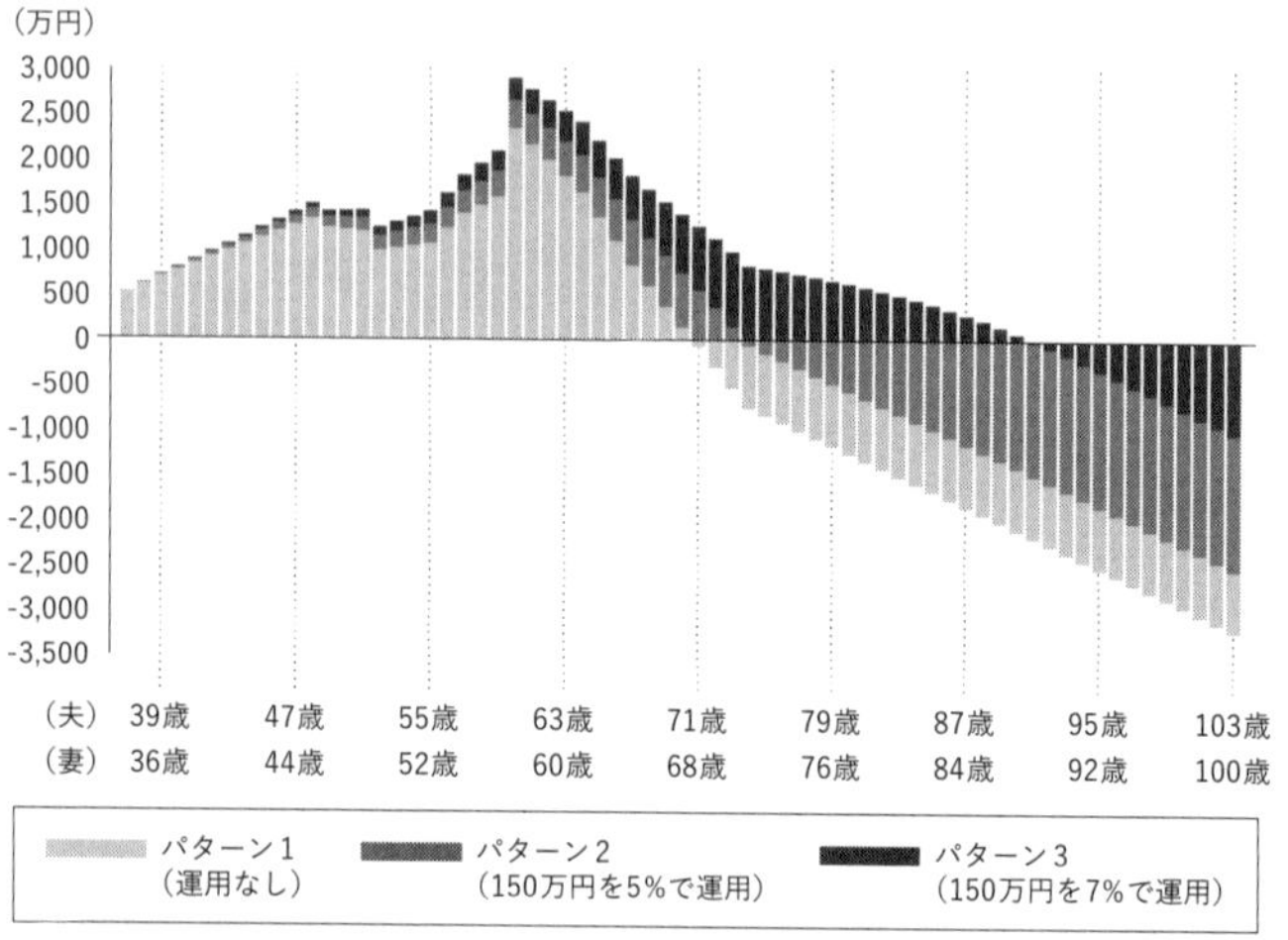

株式会社エフピー研究所の「FP名人」より作成

60歳でピークを迎え、その後貯金などを切り崩し、71歳あたりでいったん底をつくことになりました。何歳まで生きるかで、お金がもつ、もたないということになりますが、人生１００歳時代を考えますと、何か手立てを考えないといけないですね。

　貯蓄の４５０万円のうち、１５０万円を５％で運用してみたらどうなるでしょうか。パターン２をご覧ください。５％複利の運用で１５０万円がしっかり増えていますね。ただ単に１５０万円の置き場所を預金から運用へ変えただけなのですが、それでも老後にインパクトがあります。71歳から74歳まで破綻年齢が変化しました。次に150万円を平均7％で運用した場合がパターン3になります。老後破綻年齢が91歳まで伸びました。**金利の力によって年月とともに加速しながら、積み重なっているのがわかりますね。まさに複利と時間を味方にした結果といえます。**

ただ、この図も何歳まで生きるかによってその違いで見え方も違ってきます。

150万円の運用＋積み立てを始めた場合は？

では年度別収支のプラスお金の一部を、例えば半分を運用に回して、さらに積み立て投資も併用してやっていくとしたらどうなるでしょうか？　5％複利で積み立てもしながら150万円も場所を替えながら時間を過ごすと、次ページの図のパターン4になります。

さらに、一時金150万円＋年度別収支のプラスお金の一部を、例えば半分を運用に回して、積み立て投資も併用して7％の利回りで時間を過ごすとパターン5になります。

ケース① 金融資産残高の推移(2)

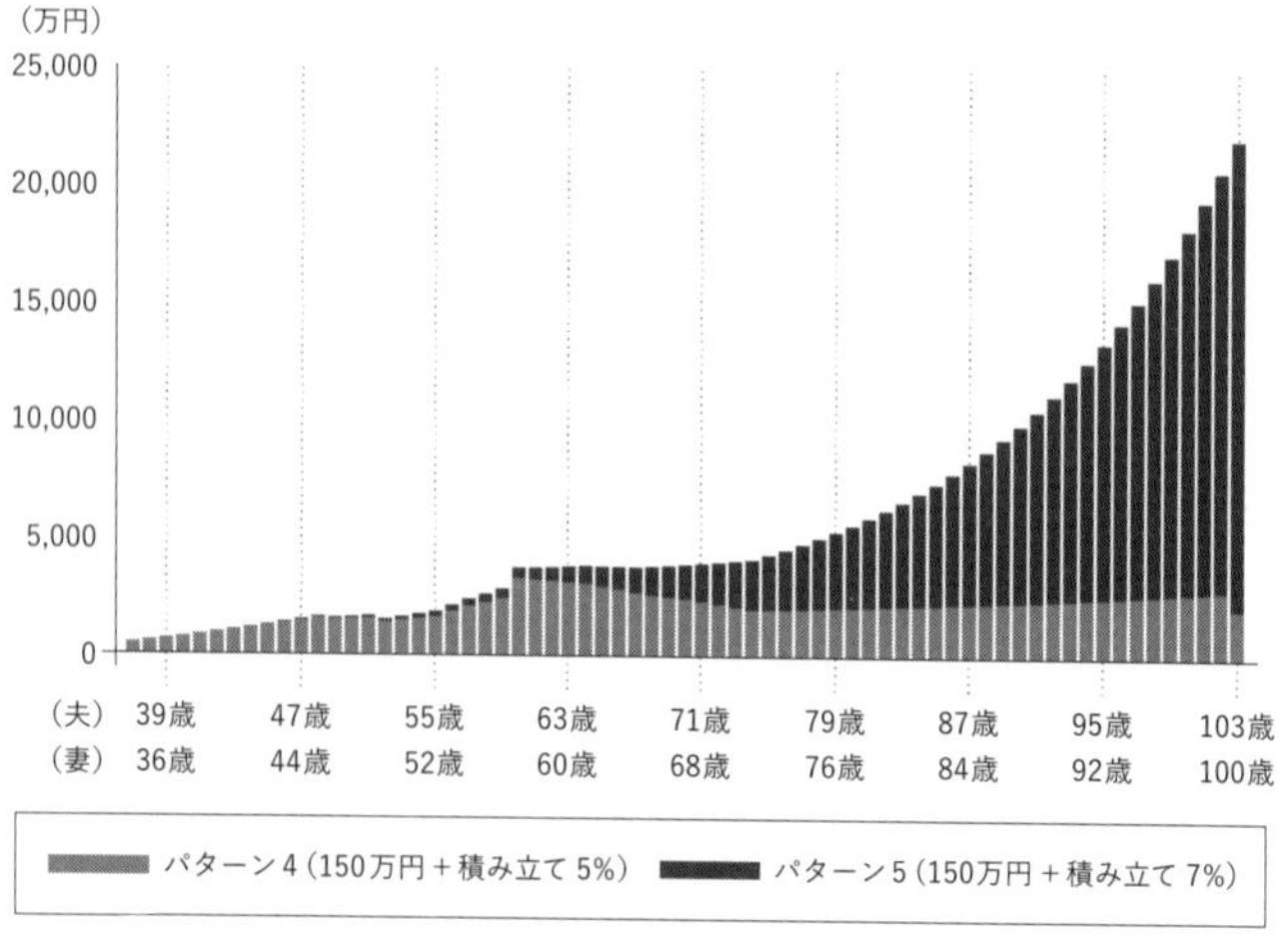

株式会社エフピー研究所の「FP名人」より作成

これを見ると、驚くべき増え方をしていますが、計算してみるとちゃんとこの数字になります。置き場所を変えて、金利とともに時間を過ごすことの重要さを改めて実感しますね。まさに金利と時間は嘘をつかないことが、ここでもわかります。

この仕組みがあれば、あなたが仕事をしている間や老後を楽しんでいる間に、お金もこうして働いてくれます。

最近は転職する方が多く、数回にわたって転職される人も増えました。そうすると、必ずしも年収は右肩上がりに増えない可能性もあり、退職金制度自体を設けていない会社もあります。公的年金も途切れてしまい、満額に達しない人も出てくるでしょう。

将来の減額が予想される公的年金が、さらに減ってしまう可能性があるのです。そうしたことが想定される人こそ、自分にあったお金の置き場所、お金の働き方を一度考えてみましょう。

ケース② 43歳、独身女性の場合

プロフィール

- 43歳の独身女性
- 収入：月収26・5万円（年収370万円）
- 支出：18・4万円（家賃7・2万円）
- 貯蓄：750万円
- 退職65歳：退職金560万円
- 厚生年金：月14万円
- 老後支出：月22万円

今度は、43歳独身女性のケースを考えてみたいと思います。

ケース② 金融資産残高の推移（1）

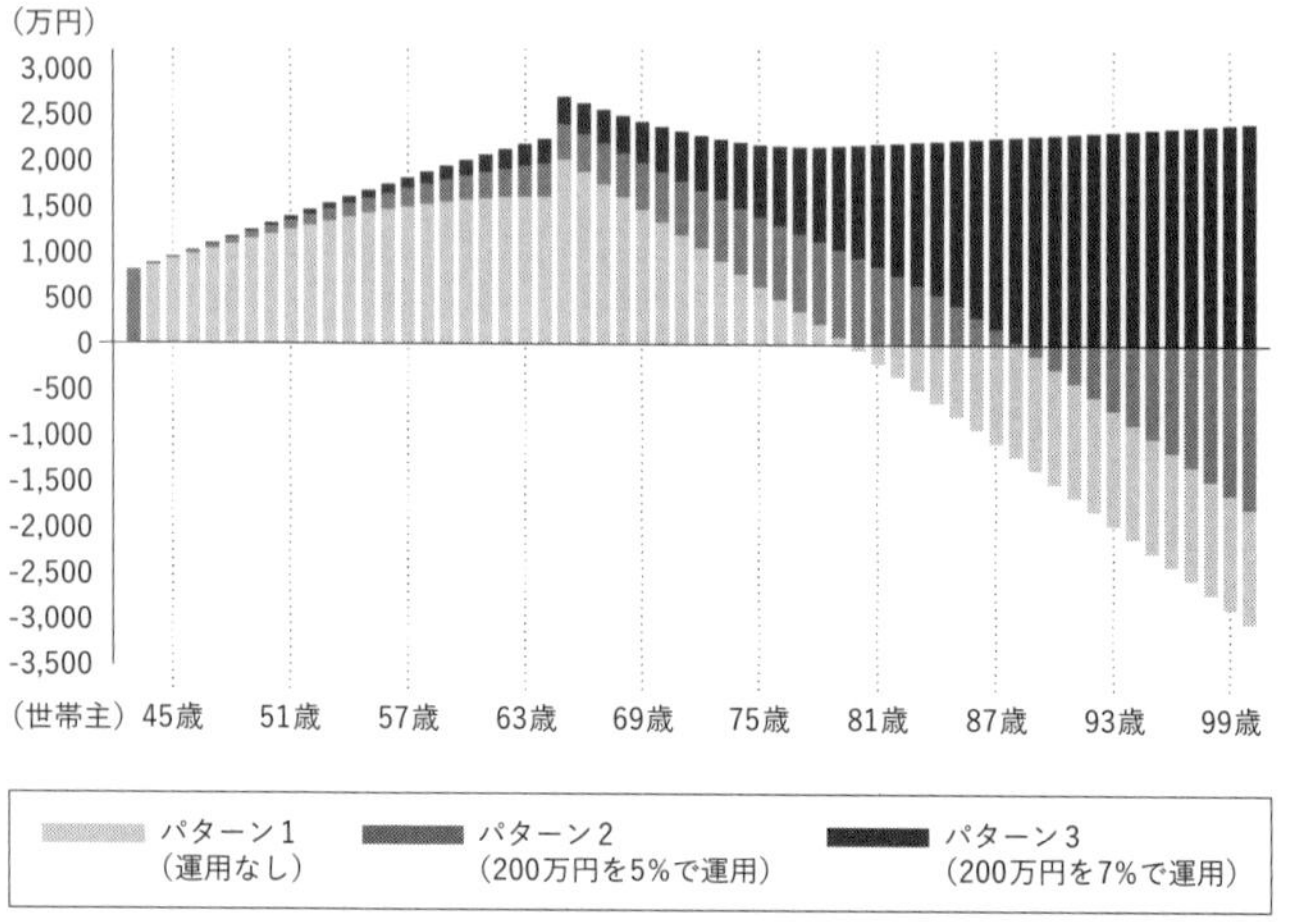

株式会社エフピー研究所の「FP名人」より作成

独身女性が「老後は大丈夫だろうか？」と考え始めるのは、40代が多いようです。この年代の女性の悩みとしては、今の仕事で頑張る、あるいは転職をするか副業を持つ、お金の運用をする、とさまざまな選択肢がある中で、どうしていいかわからないことです。今の支出を削るのも厳しい方でしたので、プラスの収入を得る＝「お財布を2つ持つ」という目的でお金の運用を選びました。

パターン1は、運用をしないでこのまま過ごした場合です。収入と支出でコンスタントに貯まっていますね。そして65歳で退職金が入ります。そこから切り崩しが始まり、80歳くらいまではマイナスになることはありません。しかし、100歳時代を考えたとき、これでは不安ですね。切り崩しながらですから、80歳までのうちに使えるお金は段々と減っていきます。これは大きな不安でしょう。

そこで、貯蓄のうちの200万円を一時金だけで5％運用した場合が、パターン2です。結果として、老後破綻年齢が80歳から89歳まで伸びました。750万円のうち200万円の置き場所を変えるだけで、大きく結果が変わりました。もちろん、1年とか2年とかでは大した変化はありません。しかし、10年、20年、そして30年たつとこのように投資信託の時価が増えていくことになります。**100歳時代というのは40代の人から見たら60年後ですから、その時間を味方につけるのは、考えてみるとすごいことです。**

このモデルでも7％運用を見てみましょう。パターン3です。

200万円を一時金のみで7％運用に変えただけで、ものすごい勢いになります。前回のケース①同様にあくまでも仮定となります（確定したものではありませんし、短期的には変動も伴います）。しかし、優れた株式などを組み入れる投資信託を、一定比率以上しっかりと分散して組み入れていくと、長期的な平均期待収益率は十分に期待できるものになります。金利の力、時間の力がどれほどすごいものなのかを理解できたのではないでしょうか。

２００万円の運用＋積み立てを始めた場合は？

例えば、年度別収支のプラスのお金の半分を運用に回して、積み立て投資を併用していくとしたらどうなるでしょうか？

５％複利で積み立てもしながら２００万円も場所を替えながら時間を過ごすと図のパターン４のようになります。７％複利で積み立てながら、２００万円も場所を変えて時間を過ごすと図のパターン５のようになります。

もともとの「老後は大丈夫だろうか？」という不安を解消できそうですね。

ケース② 金融資産残高の推移(2)

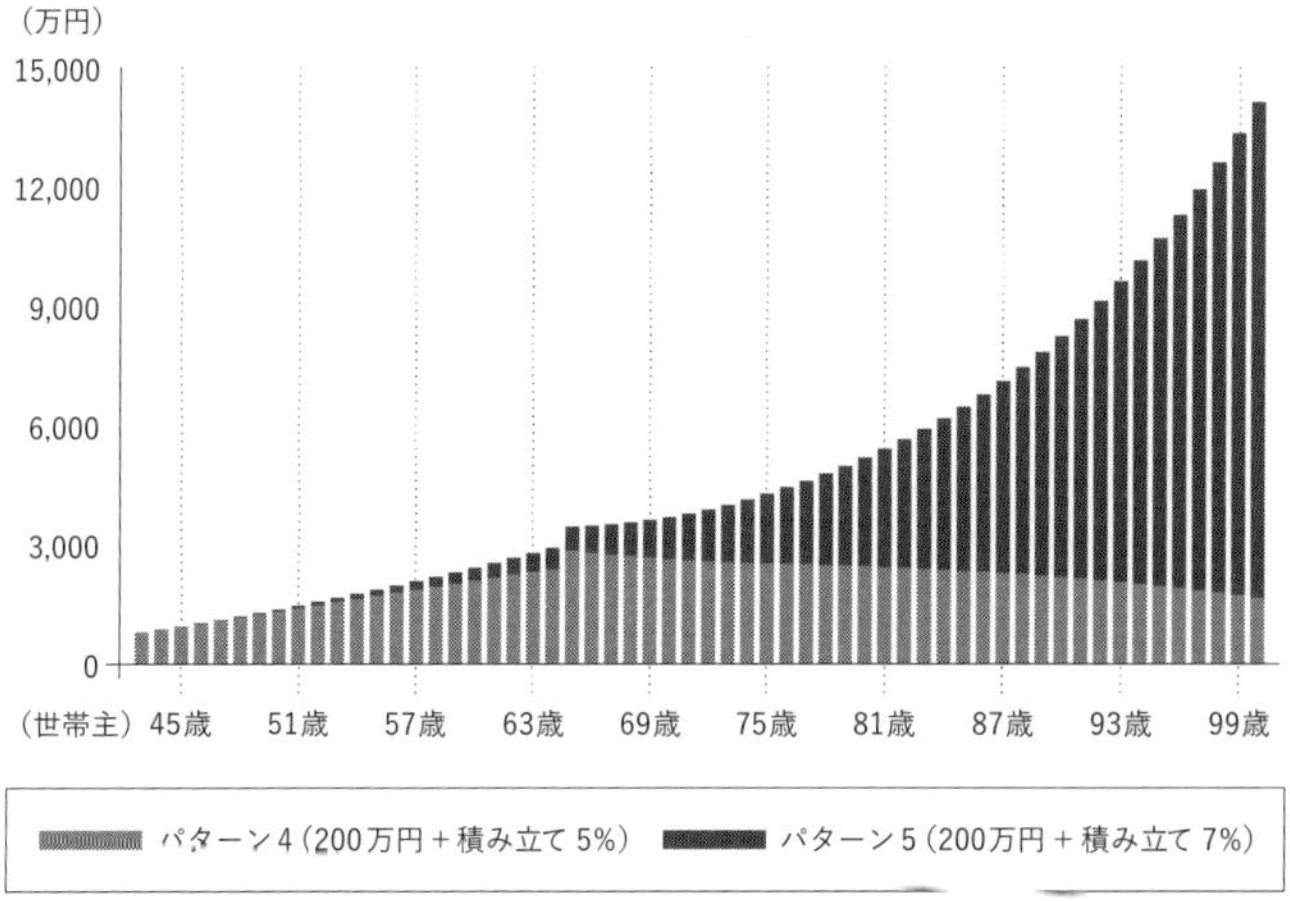

株式会社エフピー研究所の「FP名人」より作成

ケース③

退職が近づいてきた家族の場合

プロフィール

●夫＝58歳、妻（専業主婦）＝55歳、子どもは2人とも独立

●収入：夫＝年収685万円（月45・6万円　賞与137・8万円）

●生活費：月28万円（うち家賃10・5万円）　●貯蓄：1450万円

●退職60歳：再雇用で65歳まで月27万円

3つ目のケースは豊かな老後を過ごしたい、というモデルです。

何もしないパターン1を見ると、貯蓄を切り崩してなんとか85歳までは生活できます。

しかし、確実に破綻に向かっているといえますね。

では、それを回避するために、貯蓄1450万円のうち5％複利で500万円を投入す

ケース③ 金融資産残高の推移

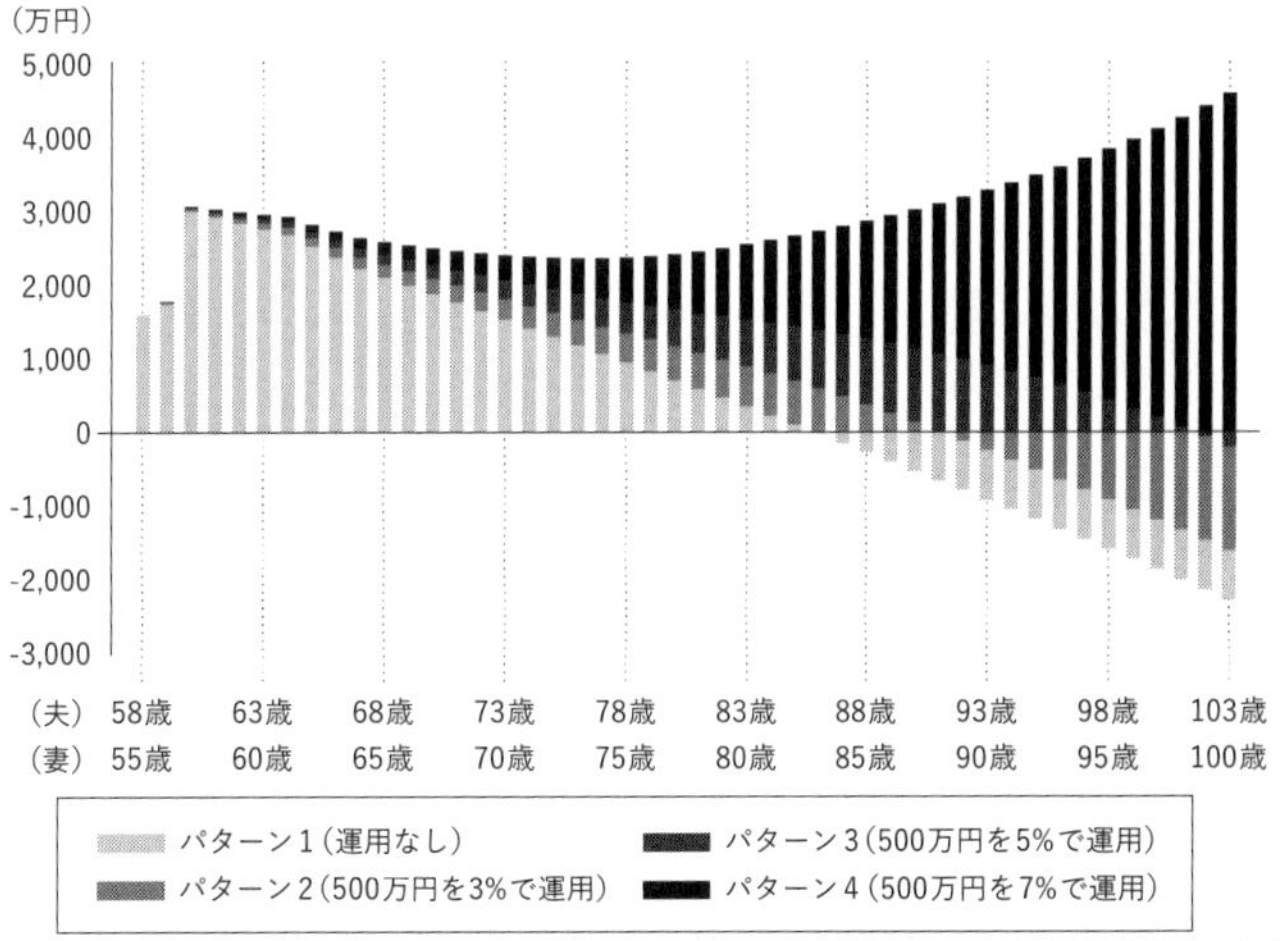

株式会社エフピー研究所の「FP名人」より作成

るとしましょう。それがパターン3です。子どもは2人とも独立しているので、このくらいは許容範囲でしょう（5%複利を実現するには、運用資産の配分において株式の割合を一定比率以上組み込んでいく必要があります）。

ご覧の通り、101歳までマイナスにはなりません。すごいですね。では、資産配分を変えてみましょう。株式の割合を落とし、外国債券の比率を上げて、3%複利の場合を試算します（パターン2）。3%ですと、92歳で老後破綻となりました。

株式の割合を上げて、長期的平均期待収益率を7％複利と設定するとどうなるでしょうか。それがパターン4です。やはり、7％あたりになると増え方のスケールが違いますね。ここでも複利の積み重ねの力がしっかり出ています。

老後、夫婦ともに健康に暮らせればいいのですが、入院したり、施設に入る場合はその費用も捻出しなければなりません。子どもも自分たちの生活で手一杯ということも考えられます。だからこそ、**自分たちの老後は自分たちで守る**という気持ちが必要だと思います。人生100歳時代を考えるとこれも現実と受け止め、対策していきましょう。冒頭でお話しした老後2000万円問題も他人事ではないのです。

ここまで読んでくださったあなたは、何も心配することはありません。なぜなら「ほったらかし投資」に出合ったからです。

ご紹介したケーススタディは必ずしもあなたのケースにあてはまるものではないかもしれません。例えば、ケース①で〃退職金なし〃という設定にしたらパターン1は66歳で破綻、パターン5で破綻しない、というシミュレーション結果も出ています。退職金がない前提で考え、もし出た場合は運用に回すくらいを想定したほうが安全といえるでしょう。自分の条件・目標に照らし合わせて検討していきましょう。

ちょっと知っ得！④

アフターケアでは本質を確認する

「ほったらかし投資」はいいけど、どうしても始めたあとが不安という方も多いと思います。私たちの場合は、お誕生日など、年に一度はお話をする機会をつくっています。そこでお話ししているのは、投資の本質についてです。今まで本書でお伝えしてきた内容ですね。

人間というのは、どうしても目の前の値動きだけに振り回されがちなので、不安になったり止めてしまったりしてしまいがちです。自然なことなのかもしれませんが、それでは今まで続けてきた「ほったらかし投資」の意味がなくなってしまいます。着々と本質が積み上がっているので、将来のシミュレーションや今までのデータなどをご説明し、納得されてそのまま継続される方が多いです。

たしかに、数年であまり動きがないと、不安になられるのは当然のことだと思います。しかし、今まで途中で止めてしまって、資産を増やすことができなかった人を数多く見てきました。〝ほったらかし投資＝長期投資〟では、時価だけ見て不安や心配になるのではなく、〝本質〟を再確認する機会を定期的に持つことが大切ではないかと考えています。

F1レースも定期的なピットインをすることで、最高のパフォーマンスでレース展開をすることができます。私たちはあなたに最高のパフォーマンスを発揮していただくために、最新の技術、考え方を日夜研究し、導入してあなたを全力でサポートするプロのサポートチームでありたいと願っています。

おわりに

最後まで本書をお読みいただきまして、ありがとうございました。

運用といえば、こんなイメージを持っている人もいると思います。「なくなってもいいと思えるお金だけを運用する」とか、「老後はリスクを抑えて安全資産だけにする」、「一部のお金持ちだけが余裕資金を遊び感覚で運用するもの」などです。

たしかにお話ししてきた通りトレード（売買）の世界においては、正しい考え方です。なぜなら、トレード（売買）の世界は、もともとコントロールできないものを、必死にコントロールしようとして結局資産を失ってしまう。このようにして投資は危険というイメージが生まれたのだと思われます。

しかし、投資は一部の人だけの限られた世界ではありません。

多くの人が運用（蓄積）の世界の中で暮らしていくのが、自然な姿であり、望ましい姿であり、正しい選択であると考えています。すべての人に必要なものであり、ともに歩んで欲しいと願っています。

運用の世界では、「本質的蓄積」（株式の企業利益、債券の金利収入、ＲＥＩＴの家賃収入）を自分の資産に集積していきます。この集積があるかないかが、時間が経てば経つほど想像を超える差となるのです。この長い時間を寄り添って、お客様に伴走していきたいというのが私の想いです。

〝はじめに〟でも紹介させていただきましたが、私は、国内系の証券会社そして外資系の証券会社を経て、お客様本位を追求するために２００２年に独立をし、ＩＦＡの道を選びました。このＩＦＡは、どこそこの商品を優先的に売らなければならないとか、スポンサー契約した金融機関の商品をすすめなければならないといった、しがらみなどとは全く関係なくお客様にアドバイスできる立場です。この立場であってこそ、顧客重視、長く寄り添いたいという私の想いが実現できたのです。

長いお付き合いをするなかで、お客様の生活スタイルも変わります。運用開始時に独身だった方が結婚されたり、お子さんが生まれたり、マイホームを購入したり、お子さんの学費を考えたりと、そうしたご相談にも積極的に関わらせていただいています。中には今加入している保障内容とのバランスなどといったお金に関すること全般の相談を受けることも多くなってきました。「前川先生がいるから何でも相談できる」というお言葉をいただくことが増えてきています。

お客様から頼りにされる喜び、お客様が安堵された笑顔が私たちスタッフの大きな喜びとなり、仕事のやりがいにもなっています。またお友達を連れて来てくださったお客様から「先生、この人を頼みますよ」なんていわれると思わず「任しとき」と返事をしたくなります。また無理を押し付けない提案を評価してくださっているのか「先生、何で儲けているのですか？　会社大丈夫ですか？」なんてご心配のお言葉を頂戴して苦笑いをすることもあります。こうしたお客様からの反応は、お客様に寄り添い続けてきたことへの評価をいただいているのだと考えています。

このような相談に加え、今まで18年以上、毎月続けてきたセミナーや個別面談を通じて、1万人以上の方と接する中で、それぞれの悩みと向き合ってきました。

そして、たどり着いた結論が「本質的蓄積の力をみなさんの人生に活用すべき」ということだったのです。そのことが本書で少しでもお伝えできていたら、これ以上嬉しいことはありません。

大切なのは、人生は一度きりであること。そのためにも的《まと》を明確にして、矢を放つ必要があります。

例えば、私は次のようなことを大切にしています。

・集中すべきことは、相場の予測ではなく、縁ある人を幸せにすること
・大切な人・ことを大切にすること
・本当に大切なものを明確にし、そこに向かって全力投球で生きていくこと
・毎日を人生の目的・目標に向かって効果的にコントロールしていくこと

あなたはご自身の人生をどうしたいでしょうか？　一度しかない人生、どんな人生だったら最高でしょうか？　あなたにとって最も大切なものは何でしょうか？

終えるときに「本当に良かった」と思える人生とは何か、を少し考えてみませんか。

ゴールを定め、ゴールに対する効果性を追求しましょう

大きな木も最初は「種」から始まります。今すぐ「大きな木」になることはできない。しかし、今すぐ「種」を植えることはできる。

あなたはどんな人生を送りたいですか？　制限がないとしたらどんな人生を送りたいですか？　まずは「種」を植えることから始めましょう。

あなたの人生が素晴らしいものであることを願っています。

ＩＦＡにしてみなさんの伴走者　前川　富士雄

【著者略歴】

前川富士雄（まえかわ・ふじお）

株式会社フューチャー・クリエイション 代表取締役
日本証券アナリスト協会認定アナリスト（CMA）、証券外務員一種、TLC（生保協会認定 FP）、AFP（日本 FP 協会認定）。
国内系証券会社、外資系証券会社にて資産運用コンサルティングに従事。顧客本位を追求するため 2002 年にファイナンシャル・プランニング事務所として独立。2005 年に IFA 法人として、株式会社フューチャー・クリエイションを設立。資産形成層から富裕層まで、職業も公務員、会社員から経営者、専門職業人、医療従事者、主婦、定年退職者まで幅広く資産運用コンサルティングを行っている。IFA の日本での黎明期から活動しており、10,000 人以上の悩みに寄り添い続けてきた。18 年以上セミナーを毎月続けており、多くの顧客から信頼と支持を集めている。

公式ホームページ　https://f-cre.com/

公式 LINE アカウント　https://lin.ee/ITlbZ38

世界一《せかいいち》カンタンなほったらかし投資《とうし》

2021 年 4 月 11 日　初版発行
2022 年 12 月 18 日　第 4 刷発行

発行　**株式会社クロスメディア・パブリッシング**

発行者　小早川 幸一郎
〒151-0051　東京都渋谷区千駄ヶ谷 4-20-3 東栄神宮外苑ビル
https://www.cm-publishing.co.jp
■本の内容に関するお問い合わせ先 …………………… TEL (03)5413-3140 ／ FAX (03)5413-3141

発売　**株式会社インプレス**

〒101-0051　東京都千代田区神田神保町一丁目105 番地
■乱丁本・落丁本などのお問い合わせ先 ……………… TEL (03)6837-5016 ／ FAX (03)6837-5023
service@impress.co.jp
（受付時間　10:00 ～ 12:00、13:00 ～ 17:00　土日・祝日を除く）
※古書店で購入されたものについてはお取り替えできません

■書店／販売店のご注文窓口
株式会社インプレス　受注センター ………………………… TEL (048)449-8040 ／ FAX (048)449-8041
株式会社インプレス　出版営業部………………………………………………… TEL (03)6837-4635

カバーデザイン　城匡史（cmD）
校正　小倉レイコ
印刷・製本　株式会社シナノ
図版作成　長田周平
本文デザイン・DTP　安井智弘
ISBN 978-4-295-40502-3　C2034

©Fujio Maekawa 2021 Printed in Japan